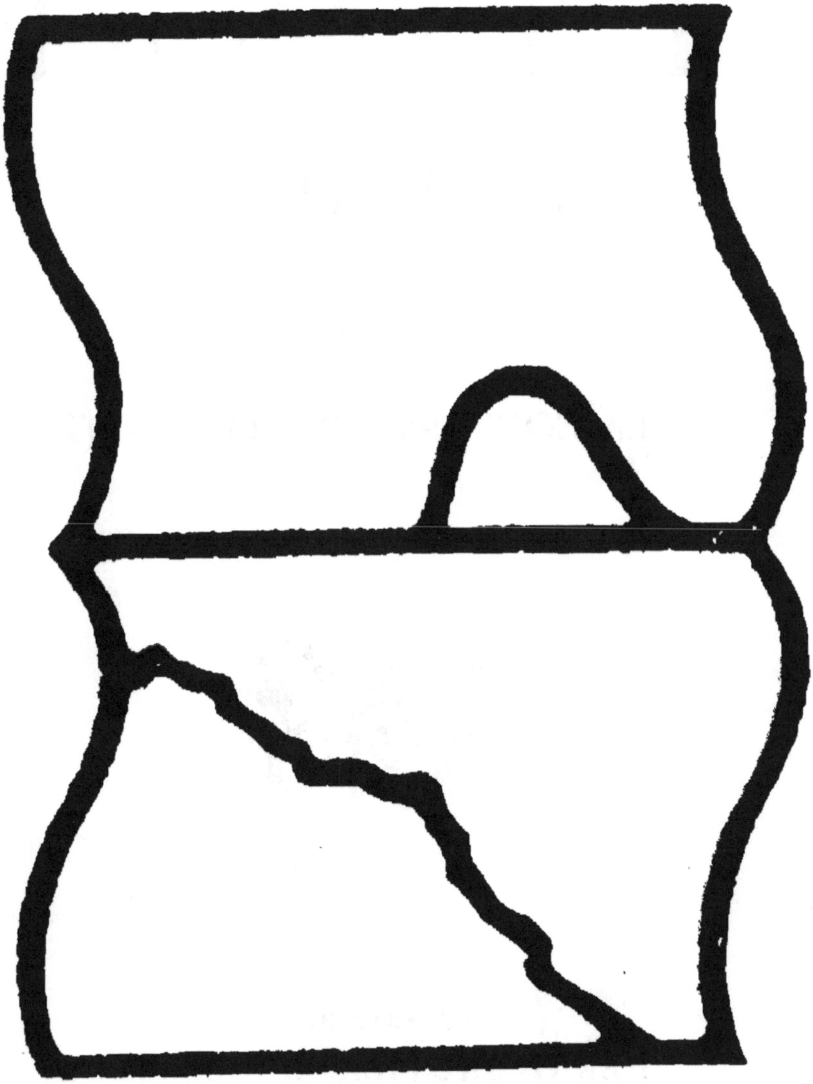

LE THÉATRE
EN FAMILLE

PAR

LA COMTESSE DE HOUDETOT

LIBRAIRIE BLÉRIOT
HENRI GAUTIER, SUCCESSEUR
55, QUAI DES GRANDS-AUGUSTINS, 55
PARIS

A LA MÊME LIBRAIRIE

THÉATRE DE JEUNES FILLES
Par A. DE CHAUVIGNÉ

1 fort volume in-12 . . . . 3 fr. 50

Envoi franco contre mandat-poste ou timbres adressés à M. Henri
GAUTIER, éditeur, 55, quai des Grands-Augustins, à Paris.

Raoul DE NAVERY
COMÉDIES, DRAMES ET PROVERBES

1 volume in-12 . . . . 2 fr.

Trois pièces de ce recueil : *Martin et Marie-Madeleine ; —
Brebis tondue Dieu mesure le vent ; — La Fille du roi d'Yvetot*,
comportent des accompagnements et couplets de M. Henri
COHEN.

Chaque partition . . . . 1 fr. 50

Envoi franco contre mandat-poste ou timbres adressés à M. Henri
GAUTIER, éditeur, 55, quai des Grands-Augustins, à Paris.

IMP. GEORGES JACOB. — ORLÉANS.

LE

THÉATRE EN FAMILLE

IMP. GEORGES JACOB, — ORLÉANS.

LE
THÉATRE
EN FAMILLE

PAR

LA COMTESSE DE HOUDETOT

LIBRAIRIE BLÉRIOT
HENRI GAUTIER, SUCCESSEUR
55, QUAI DES GRANDS-AUGUSTINS, 55
PARIS

SAINTE NÉPOMUCETTE

COMÉDIE EN QUATRE ACTES

PERSONNAGES

LA SUPÉRIEURE.
SŒUR DOMINIQUE, maîtresse de la grande classe.
IRÉNE,
LOUISE,
NOÉMIE,
ANGÉLINA, } élèves de la grande classe.
MARGUERITE,
MARIE,
CADETTE, servante du couvent.

SAINTE NÉPOMUCETTE

COMÉDIE EN QUATRE ACTES

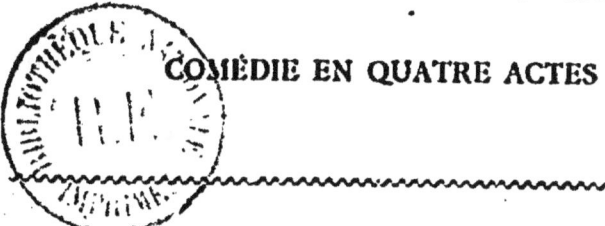

ACTE PREMIER

SCÈNE I

La scène représente une classe ; quelques pupitres poussés dans un coin, au milieu une table et des chaises : des élèves groupées autour d'une religieuse travaillent à l'aiguille.

SŒUR DOMINIQUE, IRÈNE, LOUISE, NOÉMIE, ANGÉLINA, MARGUERITE, MARIE.

SŒUR DOMINIQUE, *rendant un ouvrage à Noémie.*

Voici votre bévue réparée, chère enfant ; puissiez-vous n'en jamais commettre d'autres, ou qu'elles soient aussi réparables.

NOÉMIE, *avec aigreur et d'un ton concentré.*

Merci, ma sœur.

IRÈNE, bas à Marguerite.

Voici un merci à deux faces; mais la bonne sœur ne voit jamais que celle tournée du côté du ciel. (*Haut.*) Passez-moi vos ciseaux, Marguerite.

MARGUERITE.

Je ne sais où je les ai mis !

IRÈNE.

Alors, votre petit couteau, quelque chose qui tranche, enfin.

MARGUERITE, bas à Irène.

Chut ! je l'ai aussi perdu.

NOÉMIE, haut.

Je suis étonnée qu'à la promenade elle n'égare pas ses membres sur les chemins.

MARGUERITE, bas, d'un ton suppliant.

Taisez-vous, de grâce; vous allez me faire gronder.

IRÈNE.

A défaut d'autre instrument tranchant, Noémie, passez-moi votre langue.

NOÉMIE, avec colère.

Mademoiselle !.....

ANGÉLINA.

Bien visé, Irène.

SŒUR DOMINIQUE.

Paix, mes enfants; vous profitez de la dureté de mon oreille, la gauche surtout, pour vous quereller à demi-voix; mais si je ne saisis pas bien vos paroles, je devine parfaitement, au ton, que vous parlez contre la charité.

Ah ! la charité ! la charité ! Faut-il toujours vous en faire souvenir ? Elle ne consiste pas seulement en argent, en bons de pain, en bons de viande ! Je voudrais qu'on pût faire des bons d'aimables propos, d'affectueux conseils, de remarques bienveillantes !

NOÉMIE.

Il ne manquerait pas de nécessiteux pour recevoir cette aumône-là et je me chargerais volontiers de la distribution.

IRÈNE.

J'espère que dans ce cas-là vous n'oublieriez pas le proverbe : « Charité bien ordonnée commence par soi-même. »

NOÉMIE, à la sœur.

Vous pouvez le constater, ma sœur, c'est toujours elle qui m'attaque.

IRÈNE, vivement.

Je le nie absolument.

SŒUR DOMINIQUE.

Allons, allons. Pas de provocation ni de réplique acerbe. Voici trois heures, si je ne me trompe.

MARIE.

Oui, ma sœur, c'est trois heures qui sonnent.

LA SŒUR.

Je voudrais bien aller faire une petite méditation devant le tabernacle ; mais j'ai toujours peur de vous laisser seules, méchantes enfants !

IRÈNE.

O ma sœur ! nous serons sages comme autant de saintes rangées dans leurs niches.

LA SŒUR, qui a mal entendu.

Fi ! Mesdemoiselles ; faire des niches à vos âges comme des écoliers ! (*Toutes les élèves rient.*)

IRÈNE, élevant la voix.

Mais non, ma sœur, c'est votre oreille gauche qui vous a trompée. J'ai dit que nous serions sages comme autant de saintes rangées dans leurs niches.

LA SŒUR.

A la bonne heure ! Mais les promesses ne vous coûtent guère ! Quand je pense que ma chère mère m'a donné la grande classe pour me reposer ! J'aurais bien mieux aimé la salle des militaires, à l'hospice de la ville.

MARIE.

Est-il possible ?

MARGUERITE.

Oh ! ma sœur !

NOÉMIE.

Des militaires plus tranquilles, plus obéissants que des jeunes filles !

LA SŒUR.

Cela vous humilie, Mesdemoiselles ! et pourtant rien de plus vrai. Mais, aussi, il paraît que c'est un peu de ma faute si vous n'êtes pas plus raisonnables, si vous avancez aussi lentement dans le chemin de la perfection !

IRÈNE.

Pour le coup, je reconnais volontiers que je n'ai jamais pu dépasser la première borne dudit chemin.

MARGUERITE.

Moi, je suis assise au bord du fossé.

LOUISE, tristement.

Hélas! je crois que je suis au fond, moi.

IRÈNE, affectueusement à Louise.

Comme vous dites cela! Quel ton triste! sans compter qu'il y a un temps infini que vous restez silencieuse.

LOUISE.

Vous savez, on n'aime pas toujours à parler.

IRÈNE.

Mais, depuis ce matin, vous me semblez d'une mélancolie!

LOUISE.

Je ne suis pas très bien portante.

IRÈNE.

Vraiment! pauvre amie!

NOÉMIE, d'un ton railleur.

Entendez-vous les inséparables qui se disent des douceurs. En voilà de la confiserie sentimentale!

IRÈNE, ironiquement.

Mademoiselle préfère les conserves au vinaigre. Chacun à son goût.

LA SŒUR, qui n'a rien entendu.

Enfin, mes chères enfants, puisque la charité et la concorde doivent seules régner parmi vous pendant mon absence, je vais aller faire ma petite visite au bon Dieu.

IRÈNE.

N'ayez aucune inquiétude.

ANGÉLINA.

Allez donc, ma bonne sœur.

MARGUERITE.

Surtout, ne nous oubliez pas dans vos prières.

LOUISE.

Oh ! oui ! priez pour les pécheurs.

~~~~~~

SCÈNE II

Les mêmes, moins la Sœur Dominique.

ANGÉLINA, d'un ton animé.

Qu'allons-nous faire pour nous amuser ? Il faut rire un peu.

NOÉMIE.

Quand le chat n'y est pas, les rats dansent sur la table.

ANGÉLINA.

Vos rats me donnent une idée, Noémie. Si nous dansions ?

IRÈNE.

Cela ferait trop de bruit. Cherchons quelque chose de plus tranquille.

ACTE I

MARGUERITE.

Eh bien ! tirons au sort les béatitudes.

IRÈNE.

Oh ! c'est trop tranquille, ça !

MARIE.

Il y a les jeux d'esprit.

NOÉMIE.

Une omelette sans œuf !

IRÈNE.

Mille grâces, pour toutes, du charmant compliment.

MARIE.

Alors, que faire ?

ANGÉLINA.

Eh bien ! racontons des histoires, tout simplement. Quand j'étais petite, j'aimais beaucoup à en entendre.

IRÈNE.

Il n'y a pas bien longtemps de cela !

ANGÉLINA, se redressant.

J'ai treize ans et demi et un mois, Mademoiselle, et je ne sais pas pourquoi vous voulez m'humilier parce que vous en avez seize.

IRÈNE, d'un ton protecteur.

Allons, ne vous fâchez pas, petite, ça viendra, ça viendra. Donc, on se décide pour les histoires ?

NOÉMIE.

Oui, oui, c'est entendu.

IRÈNE.

Fort bien. A qui le dé ? A propos, Marguerite, vous n'avez pas le vôtre ?

MARGUERITE.

Taisez-vous, malheureuse ; je ne puis remettre la main dessus depuis trois jours.

IRÈNE.

Vous voulez dire le doigt dedans ? Tenez, en voici un ; mais ne gâchez pas mes réserves, si c'est possible.

MARGUERITE.

Merci ; j'y ferai bien attention.

NOÉMIE.

Oui vous pouvez y compter. (*A Marguerite.*) Écoutez, Marguerite, on dit que vos parents ont le moyen de le faire ; vous devriez leur demander d'élever une chapelle à saint Antoine de Padoue ; on prétend qu'il fait retrouver les objets perdus. Vous pourriez suspendre dans son sanctuaire tous ceux que vous avez égarés en guise d'ex-voto. Il serait très bien meublé ; j'en réponds.

MARIE.

Il faudrait une basilique !

ANGÉLINA.

Une cathédrale !

MARGUERITE.

Allons, ne m'accablez pas. Chacun a ses défauts.

IRÈNE.

C'est vrai ; il ne faut pas toujours que ce soit elle

qu'on taquine. Je déteste les lettres : de la même à la même.

NOÉMIE.

Et moi, les gens qui font des leçons aux autres.

ANGÉLINA.

De grâce, nous sommes en récréation ; ne parlez pas de leçons. Voyons, qui raconte l'histoire ? Pas moi, toujours ; je n'ai point d'idée.

MARGUERITE.

Et moi, aucune imagination.

MARIE.

Moi, pas même de mémoire.

ANGÉLINA.

Si vous preniez la parole, Louise. Voilà une heure que vous ne dites rien ; vous avez dû faire des économies ?

LOUISE, sortant de sa rêverie.

Oh ! je vous en prie ; j'ai une migraine horrible.

NOÉMIE, ironiquement.

Mademoiselle a ses vapeurs ?

IRÈNE, vivement.

Moins à propos que les vôtres qui arrivent toujours en classe quand vous ne savez pas votre leçon.

NOÉMIE, avec colère.

Mademoiselle, c'est une indignité !

ANGÉLINA.

Bon ! voilà que vous vous fâchez encore ! Et pourtant, Noémie, c'est vous qui avez commencé.

MARGUERITE.

Elle commence toujours.

ANGÉLINA.

Et puis, l'on sait pourquoi vous en voulez tant à Irène.

NOÉMIE.

Et pourquoi, je vous prie?

ANGÉLINA.

Puisque vous me forcez à vous dire des choses désagréables : c'est qu'Irène n'a pas voulu de vous pour son amie particulière et qu'elle vous a préféré Louise.

NOÉMIE, après un silence et d'un ton concentré.

C'est bon! comme il vous plaira.

LOUISE, bas à Irène.

Son attitude me fait peur. Ce propos l'a mortellement blessée et elle se vengera.

IRÈNE, bas à Louise.

Ne craignez rien; nous nous défendrons.

MARIE.

Enfin, et l'histoire?

NOÉMIE.

Si vous permettez, Mesdemoiselles, c'est moi qui la raconterai.

MARIE.

Nous écoutons.

NOÉMIE.

Il y avait une fois.....

TOUTES LES ÉLÈVES.

Un roi et une reine.....

NOÉMIE, avec impatience.

Pas du tout !

ANGÉLINA.

Alors, qu'est-ce qu'il y avait, s'il n'y avait ni roi ni reine ? On était donc en république !

NOÉMIE.

Précisément, puisque mon histoire se passait sous la première révolution.

ANGÉLINA.

Ah ! voyons. Écoutons bien.

NOÉMIE.

Il y avait, dis-je, du temps de la révolution, un beau et riche couvent. Quand je dis riche, le terme est peut-être impropre.....

ANGÉLINA.

Ça ne fait rien ; nous n'irons pas le piller.

NOÉMIE, avec humeur.

Si on m'interrompt toujours, je ne continuerai pas.

ANGÉLINA.

Allons, je me tais ; il y avait donc un riche couvent ! Après.

NOÉMIE.

Un couvent riche en reliques de toutes espèces. Parmi ces restes précieux des bienheureux que l'Église honore, une relique était surtout en grande vénération dans le monastère auquel une princesse l'avait jadis octroyé comme don gracieux : c'était un fragment d'un doigt de sainte Blandine, vierge et martyre...

ANGÉLINA.

Était-ce le bout de son nez ?

NOÉMIE.

Non, c'était un de ses doigts.

ANGÉLINA.

Le pouce ?

MARIE.

L'annulaire ?

ANGÉLINA.

Le petit doigt ?

NOÉMIE.

C'était l'index ! et lorsqu'à la faveur des troubles qui éclatèrent dans la ville voisine, une bande de forcenés, guidée par un homme plus coupable que les autres encore, vint mettre tout à feu et à sang dans le couvent, enlever les vases sacrés...

LOUISE, se levant précipitamment.

Ah ! mon Dieu !

NOÉMIE, continuant.

Disperser les cendres des saints protecteurs du monastère.

IRÈNE, avec colère.

Noémie !

NOÉMIE.

Les reliques de sainte Blandine furent jetées au vent, mais...

IRÈNE, *impérieusement.*

Assez! on sait où vous voulez en venir.

NOÉMIE, *continuant malgré Irène.*

Mais en vain cette odieuse profanation avait-elle eu lieu? Ce doigt indicateur devait éternellement désigner celui qui...

IRÈNE, *d'un ton menaçant.*

Assez!

NOÉMIE, *continuant malgré Irène.*

Et dans les rêves de ses nuits troublées par le remords, le chef de la bande impie voyait ce doigt menaçant se lever pour!...

IRÈNE, *avec autorité.*

Assez, vous dis-je! vous savez fort bien que jamais l'arrière-grand-père de Louise, à l'histoire duquel vous prétendez méchamment faire allusion, ne joua ce rôle odieux.

LOUISE, *protestant.*

Oh! non! Oh! non! (*Parlant avec effort.*) Mon aïeul était du parti qui triomphait alors, mais jamais il ne souilla sa victoire par les violences!... (*en pleurant*) par les violences dont on l'accuse. Et ce n'est pas lui qui déroba ce fragment du voile de sainte Népomucette. D'ailleurs, il doit se trouver encore dans le reliquaire, puisque vous l'y vénérez toutes chaque année le jour de sa fête, c'est-à-dire, enfin... (*Elle se trouble tout à fait.*)

ANGÉLINA.

A la vérité, on ne sait guère si le cœur d'argent déposé sur l'autel de l'oratoire contient une relique bien authentique, mais, n'importe! vous n'êtes pas responsable, ma pauvre Louise, et c'est Noémie qui a grand tort.

MARGUERITE.

Certainement.

ANGÉLINA.

D'ailleurs, il nous est expressément défendu de parler de cette horrible histoire.

IRÈNE, appuyant.

Absolument défendu, et si ce système de persécution odieuse continue, il faudra en parler à la sœur Dominique.

NOÉMIE, amèrement.

C'est cela, rapportez, rapportez; ne vous gênez pas.

ANGÉLINA.

Non, pas de rapport.

MARGUERITE.

Ce n'est jamais à faire.

TOUTES LES ÉLÈVES.

Pas de rapport, pas de rapport.

IRÈNE, avec animation.

Mais alors, il faut laisser égorger ses amies! soi, encore, je ne dis pas!

ANGÉLINA.

Enfin, ne parlons plus de ce voile, vrai ou faux, de sainte Népomucette.

MARIE.

C'est le parti le plus sage.

ANGÉLINA.

A propos, c'est la fête de notre sainte demain; il va falloir nous occuper d'orner son autel.

MARIE.

Cueillir des fleurs et de la verdure.

ANGÉLINA.

Silence! voici la sœur.

MARGUERITE.

Déjà!

IRÈNE.

Sa méditation n'a pas été longue! travaillons.

MARGUERITE.

Ah! mon ouvrage, qu'en ai-je fait?

ANGÉLINA.

Il est sous la table.

SCÈNE III

LES MÊMES, SŒUR DOMINIQUE.

SŒUR DOMINIQUE.

Grâce à vous, je ne pourrai jamais méditer un instant! à peine suis-je à genoux, à peine commençai-je à penser à nos fins dernières... on ouvre une porte... on en ouvre deux et le bruit de vos querelles arrive jusqu'à moi en dépit de mon oreille gauche. C'est fort mal et vous serez cause de toutes les années de purgatoire que j'aurai à faire dans l'autre monde pour avoir négligé mon âme dans celui-ci.

ANGÉLINA.

Au contraire, nous vous faisons faire votre purgatoire ici-bas, afin que vous alliez tout droit au ciel.

IRÈNE.

Les pénitences, il me semble, peuvent bien tenir lieu de méditations ?

SŒUR DOMINIQUE.

Il faut des uns et des autres; l'œuvre du salut est difficile et ardue. Je ne sais vraiment comment je pourrai sauver ma pauvre âme avec vous. Pour sûr, l'hôpital militaire me convenait beaucoup mieux : là était ma vocation, et si ma chère mère voulait... (*S'interrompant.*) Noémie, vous êtes rouge comme un coq!... et vous, Louise, vous êtes pâle, au contraire, et vous avez pleuré. Si je suis sourde, j'y vois tout au moins! Ah! quelles enfants! toujours en guerre les unes contre les autres! Vous m'aviez promis d'être si raisonnables!

ANGÉLINA.

Ne nous grondez pas, ma bonne sœur.

SŒUR DOMINIQUE.

Vous formez la grande classe; vous devriez donner le bon exemple à tout le couvent, et ma chère mère dit que vous en êtes le scandale!

IRÈNE.

Oh! ma sœur!

SŒUR DOMINIQUE.

Oui, le scandale! C'est parmi vous que se trouvent les goûts frivoles, les préoccupations mondaines qui devraient être bannies de ce saint asile; c'est parmi vous encore que naissent les jalousies, qu'éclatent les querelles. Mais ma chère mère est décidée à faire un exemple sévère à la première occasion, et si je porte plainte contre vous...

ANGÉLINA.

Mais vous ne porterez rien du tout, heureusement.

SŒUR DOMINIQUE.

Je porterai un jour devant Dieu la peine de ma faiblesse.

~~~~~~~

SCÈNE IV

Les mêmes, CADETTE, entrant tout effarée.

CADETTE.

Ah ! ma sœur !...

LA SŒUR.

Qu'avez-vous, Cadette, pour entrer ainsi comme un ouragan ?

CADETTE.

Ah ! ma sœur !...

LA SŒUR.

Parlez ; qu'est-il arrivé ?

CADETTE.

Une chose qui ne se conçoit point, doux Jésus !

LA SŒUR.

Mais enfin !

CADETTE.

J'en ai les sens retournés, quoi!

IRÈNE.

Perd-elle l'esprit?

CADETTE.

S'il n'y avait que cela de perdu!

LA SŒUR.

Expliquez-vous?

LES ÉLÈVES.

Mais parlez-donc!

CADETTE.

Elle est disparue! comme un brouillard!

LA SŒUR.

Que voulez-vous dire, de quoi parlez-vous?

CADETTE.

C'est ma foi vrai! Je mets l'ainsi soit-il avant la prière. Je suis si fort troublée. Voilà de quoi y retourne, enfin. J'avais été balayer le cloître autour de l'autel de Sainte-Népomucette, me ressouvenant que c'est demain sa fête et que ma chère Mère ne serait point contente si ces demoiselles en y portant des fleurs y trouvaient de la poussière.

IRÈNE.

Qu'est-ce qu'elle va chercher?

CADETTE.

Comme je balayais quasiment sans penser à rien, je vois tout à coup.

TOUTES LES ÉLÈVES.

Quoi donc ?

CADETTE.

C'est-à-dire qu'au contraire, je ne vois pas.

IRÈNE.

Finira-t-elle ?

CADETTE.

Je ne vois plus la petite boîte en manière de cœur, ous qu'est, sauf son respect, le mouchoir à sainte Népomucette ?

TOUTES ENSEMBLE.

Le reliquaire a disparu ?

LA SŒUR.

Vous avez mal vu ; c'est impossible !

CADETTE.

Pour sûr, il n'y est plus.

LA SŒUR.

Serait-il tombé derrière l'autel ? Je n'y comprends rien.

ANGÉLINA.

Ça ne se peut pas.

MARGUERITE.

Pourquoi pas ?

LA SŒUR.

Mes enfants, allons voir ce qui en est, la chose est incroyable.

IRÈNE.

Inouïe !

ANGÉLINA.

Oui, il faut s'assurer de ce qu'elle dit. Allons. (*Les élèves se précipitent à la suite de la sœur, fausse sortie. Irène et Noémie restent un peu en arrière, Louise se lève la dernière, elle essaie de suivre les autres, mais elle ne peut pas et retombe sur sa chaise.*)

LOUISE.

Non, je ne peux pas !

IRÈNE.

Qu'avez-vous, Louise ?

LOUISE.

Rien ! c'est-à-dire... la tête me tourne un peu...

IRÈNE, la soutenant.

Grand Dieu ! vous pâlissez !... Ma sœur, ma sœur !

LOUISE, d'une voix faible.

Je crois que je me trouve mal !...

LA SŒUR, revenant sur ses pas.

Ah ! Seigneur ! qu'a-t-elle ?

NOÉMIE.

On dirait qu'elle perd connaissance.

IRÈNE, avec émotion.

Ma chère Louise !

ANGÉLINA, avec effroi.

O Dieu ! va-t-elle mourir ?

LA SŒUR.

Taisez-vous, petite fille, ce n'est qu'une syncope. Allez chercher du vinaigre, Cadette.

CADETTE.

J'y cours, ma sœur.

SCÈNE V

Les mêmes, moins Cadette.

LA SŒUR.

Écartez-vous, mes enfants, il faut lui donner de l'air. Mais comment cela est-il arrivé ?

IRÈNE, avec vivacité.

C'est bien simple, ma sœur, elle se plaignait de malaise, d'une migraine affreuse, et au lieu de la laisser tranquille, on l'a abominablement taquinée.

LA SŒUR.

C'est très mal, toujours des manques à la charité.

NOÉMIE.

Avec cela quelles taquineries peuvent produire des effets pareils ! Où en serions-nous, les unes et les autres, s'il en était ainsi ? C'est absurde ; on ne s'évanouit pas pour si peu.

IRÈNE.

C'est selon comment on est disposée.

LA SŒUR.

Bon, bon ; pas de discussion pour le moment ; il s'agit de soigner Louise.

SCÈNE VI

Les mêmes, CADETTE.

CADETTE.

Voici le vinaigre.

LA SŒUR.

Merci. (*A Louise.*) Sentez-un peu cela, ma pauvre enfant. Elle ouvre les yeux.

IRÈNE.

Les couleurs reviennent un peu.

LA SŒUR.

Ça ne sera rien.

LOUISE, faiblement.

Merci... je me sens beaucoup mieux.

LA SŒUR.

Le ciel soit loué! vous nous avez fait grand peur, ma chère enfant.

LOUISE, à la sœur.

Vous êtes bien bonne.

IRÈNE, à Louise.

Voulez-vous boire de l'eau sucrée?

LOUISE.

C'est inutile, je suis bien maintenant, et un peu de repos me remettra tout à fait, mais je voudrais être seule un instant.

IRÈNE.

Toute seule?

LOUISE.

Oui, toute seule ; le bruit et le mouvement me font mal.

LA SŒUR.

Comme vous voudrez, mais j'exige que vous alliez à l'infirmerie jusqu'à demain. Il faut vous soigner.

LOUISE.

J'irai, ma sœur.

LA SŒUR.

Eh bien ! mes enfants, laissons-la, puisqu'elle le préfère.

CADETTE.

Mademoiselle n'a besoin de rien ?

LOUISE.

De rien, je vous remercie.

LA SŒUR.

Alors, Cadette, occupons-nous du reliquaire et de votre étrange histoire.

CADETTE.

Aussi vrai que Dieu est Dieu, le reliquaire n'est plus en place. (*Elles sortent toutes comme la première fois ; Irène et Noémie s'en vont les dernières et passent l'une à droite, l'autre à gauche de Louise assise au milieu de la scène.*)

IRÈNE.

C'est elle. (*Louise l'entend et tressaille.*)

NOÉMIE.

C'est elle ! (*Même jeu.*)

SCÈNE VII

LOUISE, seule.

La haine et l'amitié m'ont également devinée, malheureuse que je suis ! Pourquoi n'ai-je pas avoué tout de suite qu'en voulant voir de plus près ce reliquaire, instrument de mon supplice, je l'avais laissé tomber sur les dalles du cloître où il s'était brisé ? Hélas ! on n'aurait pas cru à un accident... et maintenant on y croirait encore moins. Oh ! mon Dieu, comment tout cela finira-t-il ? (*Elle cache sa tête dans ses mains.*)

FIN DU PREMIER ACTE.

ACTE II

SCÈNE I

Même décor. — On entend une cloche qui sonne; les élèves traversent deux par deux le théâtre.

CADETTE, SŒUR DOMINIQUE.

SŒUR DOMINIQUE.

Mettez tout en ordre ici, Cadette, afin de vous avancer un peu pour demain matin. M. le curé doit venir nous faire une petite instruction en honneur de la sainte dont nous célébrons la fête. Et ce reliquaire si étrangement disparu, qui ne se retrouve point !

CADETTE.

L'avez-vous dit à notre chère Mère ?

SŒUR DOMINIQUE.

Pas encore, Cadette. J'espérais toujours le retrouver. Mais demain matin, je dis tout ; cela ne pourrait se cacher davantage sans pécher.

CADETTE.

C'est ma foi vrai. Bonne nuit, ma sœur.

LA SŒUR.

Bonsoir, Cadette.

SCÈNE II

CADETTE, puis IRÈNE qui traverse le théâtre pour suivre les autres élèves.

CADETTE.

Je ne veux plus y penser ! cela me révolutionne la tête et me fait faire mon ouvrage tout de travers. Justement, Mlle Irène. Ah ! j'allais oublier ma commission. Mademoiselle Irène ! Mademoiselle Irène !

IRÈNE, se retournant.

Que me voulez-vous, Cadette ? Je suis pressée, les autres sont déjà au dortoir.

CADETTE.

Tenez, ce n'est pas un grand discours. Mlle Louise m'a chargée de vous remettre votre *Manuel du Chrétien*.

IRÈNE.

Louise ! ah ! très bien ! Merci, Cadette. Cette pauvre amie. *(Elle feuillette le livre à part.)* Une lettre *(Elle lit)* : « Tachez de vous trouver à dix heures et demie dans la classe ; j'y viendrai quand tout dormira dans le couvent. Il faut absolument que je vous voie ! » — J'y serai. *(Elle sort.)*

SCÈNE III

CADETTE, seule ; elle balaie.

Je ne veux plus penser à cette histoire et elle ne me quitte pas l'esprit !... que c'est comme un sort !... Après tout, ça ne me regarde pas. *(Elle ramasse un objet et le pose sur une table.*) Tiens, une paire de ciseaux ! Ah ! ces enfants !... Personne d'étranger n'est rentré dans la maison !... Faudra bien que ça se retrouve, à la fin des fins. Bon, un couteau par terre. (*Elle ramasse un objet et le pose à côté du premier.*) Ces enfants bouleversent tout. Allons, un petit coup de balai par ici. Qui donc a pu dérober cette boîte à reliques ? C'est ma chère Mère qui va prendre son air malcontent, elle qu'est sévère comme une justice et qui dit toujours qu'elle n'aime point les mystères, ceux de notre sainte Religion exceptés !... De l'encre partout... Je parierais bien que ces demoiselles en mettent plus sur les meubles et sur le plancher que sur leur cahier de leçon ! Un dé, maintenant ! Comment ont-elles pu le fourrer dans ce petit coin. (*Elle place le dé à côté des autres objets.*) Pour sûr, ça va faire du bruit, cette histoire, et les bonnes langues de la ville vont se donner de l'ouvrage !... déjà qu'elles ne chôment point à l'ordinaire... Ah ! c'est vexant tout de même pour le couvent... Enfin, ce n'est point mon affaire... Tiens, à présent, un ouvrage qui traîne sous cette chaise. (*Elle ramasse un ouvrage et le place à côté des autres objets.*) En voilà un magasin de choses perdues ; c'est comme à la police, où on ramasse tous les soirs de quoi remplir une armoire. Allons ! je vais tout mettre de confiance dans le pupitre de Mlle Marguerite, ça doit être des moutons de sa bergerie ou je me trompe bien ! Ah ! si c'était ma fille, cette demoiselle-là ! Je sais bien comment je lui apprendrais à être plus ordonnée !... Tout simplement avec le revers de ma main... Enfin, c'est pas à moi à les éduquer, Dieu merci !... Je crois que j'aime mieux balayer... c'est moins fatigant. Ouf !... j'ai fini... tout est en place... Je vas me coucher, il se fait tard. Maintenant, si ma chère Mère vient faire sa ronde, elle trouvera la classe bien propre.

SCÈNE IV

IRÈNE, un bout de bougie à la main.

Je doute que Pylade ait jamais rien fait de plus beau pour son ami Oreste. Il y va tout simplement de mon prix d'honneur à Pâques, si mon escapade est découverte. Mais comment laisser une amie de cœur dans l'embarras et encore une amie aussi peu débrouillarde que Louise. Elle se noierait dans un bénitier en prenant de l'eau bénite, si on n'était là pour la retenir par la robe. Je crois que son vieux bonhomme de père, avec sa grosse voix, son ton de commandement et son air terrible achève de la rendre timide et craintive, il ne peut pas articuler un : « Bonjour, comment vous portez-vous ? » sans avoir l'air de dire : « En joue... feu ! » Allons, bon, voilà qu'en imitant le vieux grognard, j'oublie qu'il ne faut pas hausser la voix... Aïe ! la cire chaude qui découle sur ma main ; on a bien raison de dire que le bien volé ne profite pas ; mon bout de bougie me brûle les doigts, je vais tâcher de le poser quelque part. *(Elle pose la bougie sur une table.)* Tiens ! il me semble que j'entends venir quelqu'un... pourvu que ce soit Louise et non une autre... Sainte Népomucette, soyez généreuse comme une sainte que vous êtes et protégez-nous en dépit du mauvais sort fait à votre reliquaire. On ouvre la porte... je tremble... Dieu soit loué : c'est elle !

SCÈNE V

IRÈNE, LOUISE.

LOUISE.

Vous êtes déjà ici, chère amie ?

IRÈNE.

Oui, je vous attends depuis un moment.

LOUISE.

Et comment avez-vous fait pour sortir du dortoir?

IRÈNE.

Vous savez, mon lit est près de la porte; la lampe de nuit brûle juste à l'autre extrémité de la pièce devant la statue de la Sainte-Vierge, tout me favorisait enfin.

LOUISE.

Et la sœur?

IRÈNE.

Elle dort sur son oreille droite, la bonne. Cependant elle m'a fait une terrible peur.

LOUISE.

S'est-elle éveillée?

IRÈNE.

Non, mais elle parlait en rêvant et elle disait comme cela: « J'aurais bien mieux aimé les militaires. » (*Elle rit.*) Vous ne riez pas? Elle est pourtant bien amusante, avec ses militaires, la bonne vieille sœur.

LOUISE.

Hélas! vous oubliez la position dans laquelle je me trouve. Je n'ai pas envie de rire, allez!

IRÈNE.

C'est vrai, soyons sérieuses. Et que s'est-il donc passé entre vous et sainte Népomucette? Mais, d'abord, comment avez-vous pu quitter l'infirmerie?

LOUISE.

Bien facilement, j'y suis seule; sœur Séraphine, jugeant avec raison que je n'étais pas bien malade, m'a laissée pour aller veiller sœur Athanase qui a sa crise d'asthme.

IRÈNE.

En effet, vous ne semblez pas vous ressentir le moins du monde de votre faiblesse de tantôt.

LOUISE, d'un ton douloureux.

Oh ! ma bonne amie ! c'est l'âme qui est malade ; si vous saviez ce qui m'est arrivé !...

IRÈNE.

Voyons, je suis ici pour l'apprendre.

LOUISE.

Vous savez comme on me persécute, avec cette malheureuse histoire de mon arrière-grand-père ?

IRÈNE.

Oui, c'est en vain que la Supérieure a expressément défendu que la moindre allusion y fût faite ; on y revient toujours. Les sujets de conversation sont si peu variés dans un pensionnat et nous avons toutes un si furieux besoin de parler. Enfin, continuez.

LOUISE.

Depuis longtemps, j'avais un vif désir de voir de près ce reliquaire de cristal, de l'examiner avec soin, de m'assurer de son contenu, peut-être d'y trouver quelque indice qui me permît de réfuter plus complètement la fameuse légende. Mais vous comprenez que, pour rien au monde, je n'aurais voulu confier à quelqu'un mes projets d'investigation et le secret espoir qui m'entraînait. Enfin, hier matin, comme je croyais chacun bien occupé dans le couvent, je me glisse dans la galerie du cloître ; je prends le reliquaire dans la niche dorée aux pieds de la statue de la sainte, non sans un certain trouble, je vous jure ; au même instant, j'entends cette malheureuse Cadette qui descendait en traînant ses pantoufles dans le petit escalier de la tourelle; je veux replacer précipitamment le reliquaire : il s'échappe de mes mains tremblantes et, tombant avec fracas sur les dalles, s'y brise en plusieurs morceaux ; je ramasse au plus vite ces débris, car les pas de Cadette se rapprochaient toujours davantage...

IRÈNE.

Et la relique ?

LOUISE.

Il n'y en avait pas ; le reliquaire était vide, ou plutôt il contenait seulement un morceau de papier bleu que le vent emporta au même instant par-dessus le mur de la rue.

IRÈNE.

Vous êtes sûre que c'était un morceau de papier et non un morceau d'étoffe.

LOUISE.

Parfaitement sûre; je l'ai tenu dans ma main.

IRÈNE.

Et après ?

LOUISE.

Après, je me hâtai, comme je vous l'ai dit, de relever ce qui restait du reliquaire et je m'enfuis à travers le jardin, juste au moment où Cadette, son éternel balai à la main, pénétrait sous le cloître.

IRÈNE.

Et qu'avez-vous fait de vos épaves ?

LOUISE.

Je n'ai pas osé les jeter, pensant que le reliquaire avait dû jadis être béni et contenir primitivement quelque reste précieux. J'ai renfermé les morceaux de verre et la monture en argent du cœur dans cette petite boîte..., dont je ne sais que faire ; est-elle dans ma poche, je crains de la faire tomber en prenant mon mouchoir ; est-elle déposée dans quelque endroit, il me semble qu'elle va y être découverte et que tous les regards se tournent de ce côté-là !

IRÈNE, résolument.

Commencez par me la donner, elle sera bien plus en sûreté dans mes mains que dans les vôtres.

LOUISE, en hésitant.

En vérité ! je ne sais si je dois vous la remettre ? On pourrait la trouver en votre possession... et pour rien au monde je ne voudrais que...

IRÈNE.

Allons, Louise, ne raisonnez donc pas, vous savez que vous avez l'habitude de faire ce que je veux. Or, je veux vous sauver.

LOUISE.

Il ne faut pas que ce soit à vos dépens, chère amie, je ne saurais y consentir.

IRÈNE.

Enfin, je prétends être plus apte à cacher un objet compromettant que vous

LOUISE.

Je ne dis pas non ; je n'ai ni votre sang-froid, ni votre habileté. Un rien me trouble et m'épouvante, et mon irrésolution est extrême ; c'est elle qui m'a mise dans la position sans issue où je me trouve.

IRÈNE.

Que voulez-vous dire ?

LOUISE.

Ce matin, j'aurais certainement mieux fait d'aller confesser ce qui s'est passé à Mme la Supérieure ; elle est sévère, mais elle est très juste. Je serais sans doute parvenue à lui faire comprendre que ma seule faute consistait en une curiosité peut-être indiscrète, suivie d'une maladresse fâcheuse. Mais j'ai craint d'être soupçonnée par elle d'avoir voulu dérober le reliquaire ou de l'avoir tout au moins brisé exprès. J'étais intéressée à sa destruction ; j'ai hésité devant les preuves trop plausibles que le hasard et la fatalité accumulaient contre moi ; j'avais peur de ne pouvoir faire prévaloir la vérité. Je ne savais que résoudre et le temps passait.

IRÈNE.

Que ne m'avez-vous demandé conseil ?

LOUISE.

J'y ai bien songé, mais je n'ai pu vous joindre, vous étiez déjà à la classe de calcul quand l'idée m'en est venue ; je dus moi-même m'y rendre ; puis la messe sonna, j'y laissai tomber trois fois mon livre, je ne pouvais prier ; j'avais peine à rester tranquille, tant j'étais agitée intérieurement ; ma chère Mère qui voit tout s'aperçut de mes distractions, et au sortir de la chapelle me dit quelques mots sévères sur ma dissipation. En la voyant ainsi mécontente de moi, je perdis le peu de courage qui me restait pour faire mon aveu; il me sembla que j'étais condamnée d'avance sans appel; je me disais que je serais accusée d'un vol sacrilège, chassée du couvent, maudite par mon père! Ah! Irène, que j'ai souffert pendant cette longue journée! Mon seul bon moment a été celui où, ayant perdu connaissance, je n'ai plus pensé à rien...

IRÈNE, d'un ton affectueux.

Pauvre chère amie! Mais vous vous montez la tête! Vous êtes une élève pieuse et docile; en aucun cas, on n'agirait avec cette rigueur à votre égard.

LOUISE.

Hélas! si on est satisfait de ma conduite, on l'est moins de mon travail, et il est naturel que les religieuses se montrent exigeantes pour moi sous ce rapport, car aucune élève n'a plus besoin que votre amie d'arriver au brevet d'institutrice. Mon père n'a que sa retraite pour toute fortune et je devrai un jour travailler pour vivre. Sans la bonté de la Supérieure, qui a réduit de plus de moitié ma pension, mon père ne pourrait subvenir aux frais de mon éducation.

IRÈNE.

J'ignorais cette circonstance; ces dames n'en ont jamais parlé à personne.

LOUISE.

C'est une bonté de plus de leur part. Mais comprenez combien leur générosité, leur délicatesse aggraverait une faute commise par moi en la doublant d'ingratitude.

IRÈNE.

Mais vous n'avez rien de sérieux à vous reprocher!

LOUISE.

Oui, mais, je vous le répète, toutes les apparences sont contre moi, si on découvre que ce malheureux reliquaire a été dans mes mains.

IRÈNE.

Il est vrai; il vaut mieux maintenant qu'on ignore à jamais ce qu'il est devenu.

LOUISE.

C'est bien ce qu'il me semble.

IRÈNE.

Fiez-vous à moi pour faire disparaître le peu qu'il en reste. La sortie n'est pas loin; j'emporterai la boite chez mes parents et tout sera dit. Une petite pièce d'argent mise en secret dans le tronc de la chapelle dédommagera suffisamment la communauté; quant à l'histoire, on finira par n'y plus penser. Seulement, chère amie, il faut vous montrer gaie, tranquille, appliquée, ne pas donner prise aux soupçons, en un mot. Un peu de courage, voyons.

LOUISE.

J'en aurai, ou du moins je tâcherai. Mais, convenons bien.

IRÈNE.

Chut!... (*Elle écoute.*) Une porte vient de s'ouvrir!

LOUISE, avec effroi.

O ciel! si ma chère Mère faisait sa ronde!

IRÈNE.

Écoutons... oui, c'est elle... vite derrière le rideau... Dépêchez-vous... Ah ! la lumière que j'oubliais... (*Elle éteint la bougie.*) Pas un mouvement, rien n'est encore perdu.

LOUISE.

Oh ! mon Dieu ! je tremble.

IRÈNE.

Chut !... ne bougeons pas. (*Elles se cachent toutes les deux derrière les rideaux de la fenêtre. La Supérieure entre une lampe à la main et jette un regard autour d'elle.*)

SCÈNE VI

IRÈNE et LOUISE CACHÉES DERRIÈRE LE RIDEAU, LA SUPÉRIEURE.

LA SUPÉRIEURE.

Rien !... Je croyais pourtant avoir entendu un bruit de voix étouffées au milieu du silence de la nuit... je me serai trompée... tout est tranquille... ah ! ce bout de bougie !... que fait-il là ? Cadette l'aurait-elle oublié ?... elle emporte cependant toujours sa lumière pour aller se coucher, et cette lumière est une chandelle fixée dans un chandelier de cuivre !... C'est étrange !... il y avait quelque chose dans l'air aujourd'hui ; on s'est querellé à la grande classe pendant le travail manuel... et ma sœur Dominique était contristée ce soir au réfectoire, comme elle l'est toujours quand elle doit me porter plainte contre quelqu'une de ses enfants... elle hésite à cause de l'exemple que j'ai promis de faire ; je devine bien cela... Seigneur, mon Dieu, la responsabilité est grande... la tâche est lourde parfois; mais qui peut se plaindre quand il s'agit de votre service... Allons voir nos malades maintenant... ma pauvre sœur Athanase d'abord, puis je finirai par l'infirmerie. Je croyais pourtant bien avoir entendu parler dans cette pièce. (*Elle regarde encore autour d'elle et sort lentement.*)

SCÈNE VII
IRÉNE, LOUISE.

IRÈNE.

Ouf! je respire.

LOUISE.

Je crois que je n'ai pas une goutte de sang dans les veines!

IRÈNE.

N'allez pas vous évanouir, au moins; il s'agit de regagner au plus vite l'infirmerie; vous avez entendu ce que disait ma chère Mère?

LOUISE.

Oui, malgré mon trouble, j'ai compris et je me sauve.

IRÈNE.

Attendez, un mot. J'ai réfléchi qu'il valait mieux que vous fissiez un peu la malade pour rester à l'infirmerie pendant la journée de demain.

LOUISE.

Vous trouvez?

IRÈNE.

J'en suis sûre. Il est préférable que vous paraissiez le moins possible au moment où l'affaire éclatera. Vous seriez capable de vous trahir.

LOUISE.

Peut-être bien !

IRÈNE.

Croyez-moi, ne bougez pas de l'infirmerie ; je me charge du reste.

LOUISE.

Eh bien ! je ferai comme il vous plaira. Je m'en remets entièrement à vous.

IRÈNE.

Maintenant, séparons-nous. Regagnez promptement l'infirmerie. Méfiez-vous de la porte, elle crie un peu : ouvrez-la très vite ; c'est encore le meilleur moyen pour qu'elle fasse le moins de bruit possible ; feignez de dormir et tournez-vous du côté de la muraille pour que ma chère Mère ne puisse étudier votre visage, c'est plus sûr.

LOUISE.

Merci, merci, chère amie, et bonsoir.

IRÈNE.

Bonsoir et bon courage.

LOUISE.

Je tâcherai. Soyez prudente, n'est-ce pas ? ne vous compromettez pas pour moi.

IRÈNE.

N'ayez pas peur ; au revoir, méfiez-vous de la porte.

LOUISE.

J'y ferai attention. Songez à vos propres périls.

FIN DU DEUXIÈME ACTE.

ACTE III

SCÈNE I

Même décor.

LA SUPÉRIEURE, SŒUR DOMINIQUE, TOUTES LES ÉLÈVES DE LA GRANDE CLASSE, SAUF LOUISE.

LA SUPÉRIEURE.

Enfin, le reliquaire a disparu et personne ne peut ni le retrouver, ni dire ce qu'il est devenu. C'est une grave affaire qui doit être éclaircie (*Résolument.*). Elle le sera.

LA SŒUR.

Je vous ai dit, ma chère Mère, le peu que je savais à ce sujet; je n'ai rien à y ajouter.

LA SUPÉRIEURE.

Sans doute, ma chère sœur; mais d'autres pourraient peut-être en dire davantage et celles-là sont bien coupables, car, non seulement elles déguisent la vérité, mais elles peuvent égarer la justice et faire tomber sur des innocents d'injustes soupçons.

LA SŒUR.

C'est une grande occasion de pécher; que Dieu nous préserve de la faire.

LA SUPÉRIEURE.

Qu'est-ce qui s'est aperçu la première de la disparition du reliquaire?

LA SŒUR.

C'est Cadette, ma chère Mère.

LA SUPÉRIEURE.

Ah! fort bien. Qu'une des élèves aille la chercher à l'instant.

LA SŒUR.

Allez, Angélina, vous avez entendu ma chère Mère.

ANGÉLINA.

Oui, ma sœur. (*Elle sort.*)

SCÈNE II

Les mêmes, moins Angélina.

LA SUPÉRIEURE.

C'est donc Cadette qui apporta cette nouvelle à la grande classe?

LA SŒUR.

Oui, ma chère Mère; ces demoiselles étaient réunies pour le travail manuel quand elle est accourue tout effarée.

LA SUPÉRIEURE.

Que l'élève qui s'est trouvée mal à ce moment veuille bien se lever?

NOÉMIE.

Ma chère Mère, c'est Louise Ducoudret, et elle est encore à l'infirmerie.

ACTE III

LA SUPÉRIEURE.

Ah !

IRÈNE, avec empressement.

Ma chère Mère, elle était déjà malade avant l'incident dont il s'agit et se plaignait d'un grand mal de tête; quand elle a voulu suivre la sœur Dominique, elle n'a pu marcher.

LA SUPÉRIEURE, avec une légère ironie.

Bien, mon enfant, nous n'en sommes pas encore aux plaidoiries.

IRÈNE, bas à Marguerite.

Ma chère Mère a des mots qui donnent le frisson.

MARGUERITE, bas à Irène.

Ma foi, je ne suis pas trop à mon aise, et Dieu sait pourtant que tout cela ne me regarde pas; il y a plus de trois mois que je n'ai jeté les yeux sur ce reliquaire.

MARIE.

Je pourrais bien en dire autant.

IRÈNE, amèrement.

Attendez qu'on nous interroge; ne faites pas comme Noémie.

NOÉMIE, sèchement.

Il me semble que vous-même vous avez parlé plus tôt qu'il ne convenait.

IRÈNE.

Pas pour accuser une camarade absente.

NOÉMIE.

Je n'ai accusé personne.

IRÈNE.

N'ajoutez pas à la perfidie du procédé.

LA SUPÉRIEURE.

J'entends chuchoter autour de moi, sœur Dominique.

LA SŒUR.

Vraiment, ma chère Mère, moi je n'entends rien; mais c'est de la faute de mes oreilles, de la gauche surtout.

LA SUPÉRIEURE.

Mesdemoiselles, veuillez garder le silence. Ah! voici Cadette.

SCÈNE III

Les mêmes, ANGÉLINA, CADETTE.

LA SUPÉRIEURE.

Approchez, Cadette.

CADETTE.

Qu'est-ce qu'il y a pour votre service, ma chère Mère?

LA SUPÉRIEURE.

C'est vous, n'est-ce pas, qui avez constaté avant tout le monde la disparition du reliquaire?

CADETTE.

Je crois ben que oui, ma chère Mère; et je suis venue toute courante raconter la chose à sœur Dominique.

Comme ça concernait sainte Népomucette, qu'est une sainte à la grande classe, j'ai pensé bien faire en y apportant tout d'abord la nouvelle.

LA SUPÉRIEURE.

Aviez-vous remarqué, les jours précédents, que le reliquaire fût à sa place dans l'oratoire ?

CADETTE.

Il y était, pour sûr, la veille, ma chère Mère.

LA SUPÉRIEURE.

Qui croyez-vous a osé l'enlever ?

CADETTE.

Ah ! ma chère Mère, j'ai ben mon idée ! ! !

LA SUPÉRIEURE.

Alors ! dites-la sans détour.

CADETTE.

C'est que ça ne sera peut-être point la vôtre !

LA SUPÉRIEURE.

N'importe, dites toujours.

CADETTE.

Et puis ces demoiselles vont se moquer de moi !

LA SUPÉRIEURE.

De telles considérations ne doivent point vous arrêter, Cadette, si vous pouvez apporter quelques renseignements utiles dans une affaire aussi sérieuse. Dites tout ce que vous savez à ce sujet, sans rien omettre et sans rien ajouter.

CADETTE.

C'est que, ma chère Mère, je ne sais point là positivement.

LA SUPÉRIEURE.

Enfin, dites ce que vous croyez; vous supposez au moins quelque chose.

CADETTE.

Ma foi, pour dire vrai, je me doute bien de celui qui a pris le reliquaire, juste la vigile de la fête de la sainte, mais je crains quelque nuisance de sa part.

LA SUPÉRIEURE.

Ne craignez rien, et dites tout. Je vous fais un cas de conscience de céler la moindre chose.

IRÈNE, à part.

Elle va peut-être nommer Louise! Je tremble!

NOÉMIE, à part.

J'espère bien qu'elle va nommer Louise; il vaut mieux que ce soit elle que moi, la dénonciation n'en aura que plus de crédit.

LA SUPÉRIEURE, à Cadette.

Enfin, parlez?

CADETTE, d'un ton décidé.

Voilà, je ne l'ai point vu, mais ça ne peut être que lui.

LA SUPÉRIEURE.

Qui donc?

CADETTE, avec inquiétude.

Je n'aime point à le nommer.

ACTE III

LA SUPÉRIEURE.

Il faut cependant vous faire comprendre; puisque vous soupçonnez quelqu'un, désignez-le clairement.

CADETTE, en hésitant.

Eh bien! ma chère Mère, c'est.....

LA SUPÉRIEURE.

Voyons, Cadette.

CADETTE, avec éclat.

C'est le malin, pardine !

LA SUPÉRIEURE.

Comment, le malin ?

CADETTE.

Eh oui ! le diable. (*Toutes les élèves rient.*)

IRÈNE.

Ah ! le diable !..... ah ! ah !

ANGÉLINA.

Le malin ! Quelle drôle d'idée ! ah ! ah !

MARIE.

La bonne histoire ! (*Toutes les élèves rient.*)

NOÉMIE.

Quelle plaisanterie !

CADETTE, indignée.

Je l'avais bien dit ! les voilà toutes qui rient ! Si ces demoiselles avaient un peu plus de religion, elles ne trouveraient pas ce que je dis si plaisant.

LA SUPÉRIEURE.

Mais ce que vous avancez, Cadette, n'est pas article de foi !

CADETTE.

C'est possible, ma chère Mère, mais je ne suis pas de celles qui croient juste assez ; avec le bon Dieu, je ne suis pas si regardante, moi.

LA SUPÉRIEURE.

C'est aussi bien errer de croire trop que de ne pas croire assez, Cadette. Mais je n'ai pas le temps de vous donner une leçon de théologie, d'autant que je suppose qu'il la faudrait un peu longue. Allez donc à vos fourneaux, et ne pensez plus au diable.

CADETTE.

Je vous obéis, ma chère Mère, mais c'est bien sûr que c'est lui qui a pris le reliquaire pour faire déplaisir à la sainte et mettre tout le couvent en émoi. (*Elle sort.*)

SCÈNE IV

Les mêmes, moins Cadette.

LA SUPÉRIEURE, avec mécontentement.

Voilà une scène ridicule dont le seul résultat a été de jeter un air de gaîté sur un sujet qui n'est rien moins que plaisant.

LA SŒUR.

Je ne supposais pas, ma Mère, que Cadette vînt nous débiter de pareilles sornettes. Elle se vantait, il y a quelques instants, de pouvoir tout révéler.

LA SUPÉRIEURE.

Elle n'a rien révélé du tout, et cependant une semblable affaire ne devrait pas être si difficile à éclaircir. L'oratoire est juste au bout du cloître, dans un endroit où on a rarement besoin de se rendre. Il faut que celle qui a pris le reliquaire ait été seule, tout exprès, à une heure anormale et sans un but justificatif de ce côté-là, et j'ajouterai que ce ne peut être qu'une élève de la grande classe. Vous souvenez-vous, sœur Dominique, qu'une de vos enfants ait été vue dans les environs de l'oratoire pendant la journée d'hier?

LA SŒUR.

Non, ma Mère, je n'ai aucun souvenir de ce genre.

LA SUPÉRIEURE.

Mes enfants, je vous adresse la même question et je vous adjure d'y répondre franchement.

ANGÉLINA.

Ma mère, comme je m'asseyais à ma place pour la classe de calcul (vous savez qu'elle est auprès de la fenêtre), j'ai jeté un coup d'œil dans le jardin et j'ai vu une élève qui sortait de dessous les arceaux du cloître.

LA SUPÉRIEURE.

Précisez, de dessous quel arceau?

ANGÉLINA.

Le dernier, celui du bout, où se trouve l'oratoire de sainte Népomucette.

LA SUPÉRIEURE.

Et quelle était cette élève?

ANGÉLINA.

Je l'ignore, ma chère Mère, j'ai la vue très basse.

LA SUPÉRIEURE.

La vue basse à ce point ?...

ANGÉLINA.

Tout le monde peut vous le certifier.

LA SŒUR.

Il est vrai. Elle est myope, ma chère Mère.

LA SUPÉRIEURE, à Angélina.

Et aucune de vos compagnes n'a regardé dans le jardin en même temps que vous ?

ANGÉLINA.

Je ne sais.

NOÉMIE.

Pardonnez-moi, ma chère Mère, j'ai suivi le regard d'Angélina, et, comme j'ai la vue longue, j'ai parfaitement reconnu l'élève en question.

LA SUPÉRIEURE.

Que ne le disiez-vous plus tôt ?

NOÉMIE.

Je craignais que mon témoignage parût à la fois suspect et odieux.

LA SUPÉRIEURE.

Je comprends qu'il vous soit pénible de déposer contre une de vos compagnes quelle qu'elle soit, mais je me vois forcée à l'exiger de vous dans l'intérêt de tous et dans l'intérêt de la vérité, qui est supérieur même à l'intérêt général.

IRÈNE, à part.

Que va-t-elle dire ? le cœur me bat.

NOÉMIE, moment de silence.

Madame, c'est Louise Ducoudret.

LA SUPÉRIEURE.

Encore Louise !... C'est la seconde fois qu'il est question d'elle à propos de cette affaire, et je crois devoir en tenir compte. (*A sœur Dominique.*) Avez-vous entendu, ma sœur ?

LA SŒUR.

Oui, ma chère Mère, mais Louise est une élève douce et pieuse qui me donne beaucoup de consolation ; je la crois incapable de commettre une faute grave en dépit même des tentations.

LA SUPÉRIEURE.

En effet, nous avons toujours eu à nous louer de sa conduite ; je me plais à le reconnaître, Dieu nous garde des jugements téméraires. Personne d'autre n'a été vue du côté de l'oratoire de Sainte-Népomucette pendant la journée d'hier ?

IRÈNE.

Ma Mère, j'ai passé devant une heure environ après le moment où Louise a été aperçue dans le jardin.

LA SUPÉRIEURE.

Le reliquaire était-il encore sur l'autel ?

IRÈNE.

Je ne l'ai pas remarqué.

LA SUPÉRIEURE.

Vous n'avez rien à ajouter ?

IRÈNE.

Rien, ma Mère.

LA SUPÉRIEURE, froidement.

C'est bien.

MARGUERITE, bas à Angélina.

Elle a l'air de plus en plus sévère.

ANGÉLINA, bas à Marguerite.

Je regrette presque ce que j'ai dit ; j'ai parlé trop vite.

MARGUERITE, bas à Angélina.

Que voulez-vous, il faut bien que tout finisse par s'éclaircir et le plus tôt sera le mieux ; Louise est bien compromise.

ANGÉLINA.

Et Irène donc !... Je ne voudrais être à la place ni de l'une ni de l'autre. Vous souvenez-vous de la discussion d'hier pendant que la sœur était à la chapelle ?...

MARGUERITE.

Oui, tout cela donne bien à penser.

ANGÉLINA.

C'est une étrange coïncidence, au moins.

LA SUPÉRIEURE, qui pendant ce dialogue est restée dans une attitude méditative, tout-à-coup relève la tête et semble prendre une résolution subite.

Mesdemoiselles, à vos places.

LA SŒUR, répétant.

A vos places, à vos places.

ANGÉLINA, à Marguerite.

Que va-t-il se passer encore ?

MARGUERITE.

Je ne sais trop!...

MARIE, à part.

Tiens! pourquoi cela?...

LA SUPÉRIEURE.

Chaque élève debout devant son pupitre.

LA SŒUR.

Elles sont toutes à leur place, ma chère Mère.

LA SUPÉRIEURE.

C'est bon, que personne ne bouge plus. (*A la sœur.*) Vous allez visiter les pupitres, ma chère sœur.

LA SŒUR.

Bien, ma Mère.

IRÈNE, à part.

Aïe!... je suis prise.

ANGÉLINA, à part.

Pristi! mon sac de pralines!

MARGUERITE, à part.

Mon pupitre est dans un désordre affreux! Justement, je voulais le ranger ce matin; mais l'histoire du reliquaire m'a tout fait oublier. Je vais être grondée.

IRÈNE, à part.

Si je pouvais seulement extraire la boîte du pupitre et la glisser dans ma poche? (*Bas à Angélina.*) Ma petite Angélina, soyez gentille et faites tomber quelque chose par terre.

ANGÉLINA, bas.

Pourquoi?

IRÈNE, bas.

Pour me rendre service; je vous expliquerai cela plus tard. (*A part.*) Ah! s'il était possible de détourner un instant l'attention de la Supérieure, qui semble me surveiller tout particulièrement.

ANGÉLINA, faisant tomber quelque chose.

Comme je suis maladroite! puis-je ramasser, ma chère Mère?

LA SUPÉRIEURE.

Certainement. (*A Irène.*) Mais vous, Irène, pourquoi touchez-vous à votre pupitre?

IRÈNE, troublée.

Pardon, ma Mère, j'oubliais votre défense. (*A part.*) Allons, il faudra y passer! Mieux vaut que ce soit moi que Louise. Je n'ai pas de parents pauvres et grincheux, moi.

LA SUPÉRIEURE, à sœur Dominique qui visite le pupitre de Noémie.

Eh bien, ma sœur?

LA SŒUR.

Je ne trouve rien de suspect dans le pupitre de Noémie, ma Mère. (*Elle passe au pupitre d'Angélina.*) Qu'est-ce ceci?

ANGÉLINA.

Des pralines, ma chère Sœur, que mon parrain m'a données à ma dernière sortie.

LA SUPÉRIEURE.

Vous savez, Angélina, que vous ne devez pas avoir de friandises dans votre pupitre; mais quand on vous en fait cadeau, les remettre à l'économe, qui vous les distribue pour vos collations ; c'est donc une infraction à la règle. (*A la sœur.*) Ne manquez pas de la noter, ma chère Sœur. Mais qu'y a-t-il donc dans le pupitre de Marguerite pour vous retenir si longtemps ?

LA SŒUR.

Tout et rien, ma chère Mère ; ce n'est pas un pupitre, c'est un bazar en déménagement.

LA SUPÉRIEURE, à Marguerite.

Toujours votre incorrigible désordre, Marguerite !

MARGUERITE.

Ma chère Mère, je voulais ranger mon pupitre ce matin ; je le disais il y a un instant à Angélina.

ANGÉLINA, vivement.

C'est vrai ! ma Mère.

LA SUPÉRIEURE.

L'enfer est, dit-on, pavé de bonnes intentions. (*A la sœur.*) Une mauvaise note pour Marguerite, ma Sœur, et ne manquez pas...

LA SŒUR, poussant un cri.

Ah ! Seigneur !

MARIE.

N'ayez pas peur, ma Sœur, elle est très gentille et parfaitement apprivoisée.

LA SŒUR.

Quelle idée de loger ces bestioles dans un pupitre !

LA SUPÉRIEURE.

Qu'est-ce donc ?

MARIE.

Benjamine, ma Mère, une cigale que j'élève, et qui chante extrêmement bien.

LA SUPÉRIEURE.

Je n'en doute pas, si c'est une cigale; mais pourquoi enfermer cette pauvre bête?

MARIE.

O ma Mère, je vous assure qu'elle a tout ce qu'il lui faut; une jolie petite cage, de l'herbe fraîche...

LA SUPÉRIEURE.

Qu'en savez-vous? Moi, je crois qu'il lui manque la liberté et le soleil, tout ce pourquoi Dieu l'a créée. Certes, il ne l'a point faite pour habiter un pupitre et amuser une élève dissipée. A la première récréation, vous mettrez cette cigale dans le jardin; néanmoins, comme le cas n'a pas été prévu par le règlement, je ne puis dire que vous y ayez absolument contrevenu. (*A la sœur.*) Maintenant, sœur Dominique, c'est au tour d'Irène, n'est-ce pas?

LA SŒUR.

Oui, ma Mère.

IRÈNE, résolument.

C'est inutile; voilà le reliquaire, ou du moins ce qui en reste.

LA SŒUR.

Oh! mon Dieu, est-ce possible? (*A Irène.*) Qu'avez-vous fait, mon enfant?

ANGÉLINA.

Irène!

MARGUERITE.

C'est donc elle ?

NOÉMIE.

Étrange découverte !

LA SUPÉRIEURE.

Silence ! silence ! mes enfants. Expliquez-vous, Irène.

IRÈNE.

A quoi bon, ma Mère ? Si je dis que j'ai voulu simplement examiner le reliquaire de plus près et qu'il s'est brisé en s'échappant de mes mains, on ne me croira pas.

LA SUPÉRIEURE.

Vous vous trompez, Irène; si vous étiez venue spontanément me raconter qu'un pareil accident avait eu lieu à l'instant, j'aurais ajouté foi à vos paroles; mais, après ce qui s'est passé, il est impossible d'admettre une version de ce genre. On sait que ce reliquaire amenait de continuelles discussions entre vous et vos compagnes qui se plaisaient à tourmenter votre amie Louise à son sujet, malgré toutes mes défenses; elles ont aussi leur part de responsabilité dans cette triste affaire; mais à vous la plus grande, la plus impardonnable : dérober sur un autel un objet qui a servi à renfermer des restes précieux, le briser comme une chose sans conséquence et ensuite, au lieu d'exprimer du repentir, accumuler mensonge sur mensonge pour éviter d'être découverte, tout cet ensemble est trop grave pour ne pas mériter un châtiment exemplaire. La grande classe en entier qui vous a tentée dans votre amitié pour Louise sera privée de la sortie du mois, et vous, Irène, vous quitterez le couvent pour ne plus y revenir, demain même.

IRÈNE.

Chassée!

ANGÉLINA.

Pauvre Irène.

MARGUERITE.

Est-il possible?

IRÈNE.

Madame la Supérieure?...

LA SUPÉRIEURE.

Que voulez-vous? je ne saurais revenir sur ma décision, épargnez-moi le chagrin de repousser vos sollicitations.

IRÈNE.

Je ne demande pas ma grâce, mais j'ai une prière à vous adresser.

LA SUPÉRIEURE.

Je vous écoute.

IRÈNE.

Louise est encore à l'infirmerie pour jusqu'à demain; elle s'est évanouie hier et n'est peut-être pas tout à fait remise. Je demande que mon départ lui soit caché un jour ou deux.

LA SUPÉRIEURE.

C'est bien, je vous accorde ce que vous désirez. (*Aux élèves.*) Vous avez entendu, mes enfants, le souhait de celle qui, jusqu'à ce jour, fut votre compagne; faites en sorte de vous y conformer.

IRÈNE.

Merci, ma Mère. (*A part.*) Chassée du couvent!

FIN DU TROISIÈME ACTE.

ACTE IV

SCÈNE I

IRÈNE, CADETTE.

IRÈNE.

Cadette, ma bonne Cadette, écoutez-moi un peu.

CADETTE.

Voyons, Mademoiselle Irène, que vous faut-il ?

IRÈNE.

Ma petite Cadette, que vous me rendiez un service.

CADETTE.

Ma bonne Cadette, ma petite Cadette, je me doute bien qu'il retourne de quelque chose. On n'est pas si bêtasse qu'on paraît.

IRÈNE.

Mais vous ne paraissez pas bête du tout, et la preuve c'est que je vais vous donner une mission de confiance.

CADETTE.

Qu'est-ce que c'est que ça ?

IRÈNE.

Vous savez que je suis renvoyée du couvent ?

CADETTE.

Oui, je le sais; à cause que je me suis informée pourquoi ma sœur Dominique avait les yeux rouges.

IRÈNE.

Ne me parlez pas de son chagrin; vous augmentez trop le mien.

CADETTE.

Eh bien! revenons à votre affaire.

IRÈNE.

Voilà ce que c'est : pour des raisons trop longues à vous expliquer, je dois partir sans embrasser Louise Ducoudret, qui est pour le moment à l'infirmerie, et je lui ai écrit un mot d'adieu que je vous serais reconnaissante de lui remettre.

CADETTE.

A présent ?

IRÈNE.

Non, certes! pas à présent! mais demain, à la cloche de midi, quand je serai déjà loin.

CADETTE.

Je comprends bien; mais c'est que je crois qu'il m'est défendu de faire des commissions d'une élève à une autre.

IRÈNE, d'un ton insinuant.

Mais il ne s'agit pas de bonbons, de livres, de tous ces objets prohibés, rien que d'un méchant petit bout de papier, avec quatre mots écrits dessus.

CADETTE.

Enfin, c'est une lettre ?

IRÈNE.

Tout au plus un billet. Voyez une feuille pliée en quatre sans même d'enveloppe.

CADETTE.

Ma foi, ce n'est guère de conséquence! au moins ça me semble ainsi à moi qui ne sait point écrire. Je me suis toujours demandé à quoi que ça servait d'apprendre à écrire?

IRÈNE, avec bonhomie.

A peu de choses, Cadette; c'est un fameux luxe d'instruction. Donc, vous remettrez, sans en rien dire à personne, ce pauvre petit chiffon de papier à Mlle Louise Ducoudret et sans faute à l'heure de midi.

CADETTE.

Enfin, Mademoiselle!...

IRÈNE, d'un ton insinuant.

Et comme vous avez toujours été bien bonne et bien obligeante pour moi pendant que j'étais ici, je vous enverrai une robe pour Pâques, la vôtre est fort usée.

CADETTE, regardant sa robe d'un air piteux.

Elle n'est point neuve, assurément. (*Confidentiellement.*) Si c'était un effet de votre bonté, je l'aimerais brune?

IRÈNE.

Elle sera brune comme du pain d'épice, je vous le promets. Mais n'oubliez pas mon petit autographe demain, à midi, pas avant, surtout.

CADETTE.

Soyez tranquille, Mademoiselle, on pensera à votre orthographe.

IRÈNE.

Merci, Cadette. (*Elle sort.*)

~~~~~~

SCÈNE II

CADETTE, seule.

Ma robe n'est plus bonne, je ne m'en dédis pas et elle aurait grand besoin qu'on lui réglât son compte; mais cette demoiselle est une enjôleuse, ça, c'est ben vrai aussi, et je me demande si j'ai fait pour le mieux en l'écoutant. D'abord, on ne m'ôtera pas de l'idée qu'il y a du malin dans l'histoire du reliquaire, et, depuis que j'ai cette imagination, il me semble qu'il rôde toujours par chez nous. Qui sait si c'est pas lui qu'est venu me tenter en prenant la figure et les manières de Mlle Irène ?... Je ne pensais pas seulement à avoir un cotillon neuf! et justement que je n'ai pas mon chapelet dans ma poche, ce qui est une préservation reconnue contre le démon, c'est comme exprès et ça me donne bien à songer. Je ne sais plus à quoi me décider... me voilà incertaine comme une girouette en temps d'orage... Ma foi, tant pis, je vais mettre mon rôti, car l'heure presse, et puis je porterai tout de suite la lettre à Mlle Louise pour n'y plus penser. C'est trop de tracas pour moi toutes ces histoires... Bon, une religieuse! pourvu que ça ne soit pas ma chère Mère; je serais capable de tout lui dire. Non, c'est ma sœur Dominique qu'est ben dans la peine à cause de son élève.

~~~~~~

SCÈNE III

CADETTE, SŒUR DOMINIQUE.

LA SŒUR.

C'est vous, Cadette?

CADETTE.

Oui, ma sœur, et pas à mon ouvrage comme vous voyez ; j'ai les sens si bouleversés par toute cette aventure que j'en perds quasiment la tête. C'est la première fois, depuis quinze ans que je suis à votre service, que je vois renvoyer une de vos demoiselles.

LA SŒUR.

Hélas ! Cadette, et une jeune fille de la grande classe encore. Dieu me punit ! Dieu me punit !

CADETTE.

Pour ça, ma sœur, c'est bien une idée que vous vous faites ; pourquoi donc que le bon Dieu vous en voudrait ?

LA SŒUR.

Je ne sais pas, Cadette, mais pour sûr j'ai mérité une semblable épreuve !

CADETTE.

Oh ! que non ! c'est bien dommage tout de même que ma chère Mère n'ait pas voulu croire que le démon avait fait le coup, ça aurait mis tout le monde d'accord.

LA SŒUR.

Ma chère Mère avait ses raisons pour ne pas admettre une semblable supposition, d'ailleurs ma pauvre Irène avait le reliquaire dans son pupitre.

CADETTE.

C'est pourtant vrai, quand le lapin est pris au terrier il n'y a pas à dire non, mais elle est bien aimable et avenante cette demoiselle-là.

LA SŒUR.

Hélas! s'il nous était permis d'avoir une préférence, je l'eusse eue, je le sens, pour elle. Enfin, allez à votre ouvrage, Cadette, ma chère Mère ne serait pas contente si elle vous voyait perdre ainsi votre temps.

CADETTE.

J'y vas, ma sœur (*à part*), c'est-à-dire : mon rôti d'un tour de main, puis je cours à l'infirmerie et j'aurai ma robe pour le jour de Pâques.

SCÈNE IV

SŒUR DOMINIQUE, seule.

Allons, je vais encore faire une tentative auprès de ma chère Mère pour qu'elle me relève de ces pénibles fonctions que je remplis si mal. Elle aura peut-être pitié de mon chagrin. Avoir une élève renvoyée honteusement à sa famille !... c'est la plus grande mortification que Dieu pût m'infliger ; que sa volonté soit faite, mais j'aurais préféré une bonne maladie pour moi !... Et puis mon esprit est resté aussi troublée que mon cœur ; je ne comprends pas qu'Irène ait agi de la sorte !... C'est une triste et étrange histoire... A peine s'est-elle défendue, à peine a-t-elle essayé de dissimuler sa blâmable action derrière un instinct puéril de curiosité ; elle n'a pas même soutenu son dire avec fermeté, mais s'est tout de suite soumise à l'arrêt de notre chère Supérieure. Enfin, Dieu le voulait : inclinons-nous ; mais voilà justement notre Mère, je vais lui adresser mon humble requête sans tarder davantage.

SCÈNE V

SŒUR DOMINIQUE, LA SUPÉRIEURE.

LA SŒUR.

Je vous attendais, ma chère Mère ; je voulais vous dire un mot avant que les élèves de la grande classe se réunissent ici pour faire leurs adieux à cette pauvre Irène... (*D'un ton désolé.*) Ah ! mon Dieu ! penser que cette enfant nous quitte ainsi. Une jeune fille qui me donnait tant de consolations ; jamais je ne l'aurais crue capable d'une semblable action... A qui se fier ? C'était ma meilleure élève.

LA SUPÉRIEURE.

Ma très chère sœur, il faut mettre tout cela au pied de la croix et vous confier à la bonté divine qui fait parfois sortir le bien des apparences mêmes du mal.

LA SŒUR.

Ah ! ma Mère ! cette affaire m'est trop sensible ! d'autant que je sens bien que, dans tout cela, il y a aussi de ma faute.

LA SUPÉRIEURE, en souriant.

Et comment, ma sœur ? Auriez-vous aussi dérobé le reliquaire de sainte Népomucette.

LA SŒUR.

Si j'avais plus de vocation pour l'instruction, si je m'y

prenais mieux pour inculquer de bons principes aux enfants confiées à mes soins, il ne se commettrait pas des fautes aussi graves dans le couvent.

LA SUPÉRIEURE.

Vous vous accusez à tort, ma chère sœur; les scrupules exagérés sont les ronces qui entravent nos pas dans le chemin de la perfection.

LA SŒUR.

Ah! ma Mère! vous ne voulez pas me croire, mais je n'ai pas de vocation pour l'éducation des jeunes filles : c'est une mission trop élevée, trop délicate pour moi.

LA SUPÉRIEURE.

Votre humilité vous abuse.

LA SŒUR.

Une place d'infirmière à l'hospice, voilà ce qu'il me faut, et si vous vouliez me la faire donner par notre Mère générale.

LA SUPÉRIEURE.

Bon, vous revenez à vos militaires? Je vous assure que vous vous faites bien des illusions sur leur compte. J'ai connu une sœur chargée de ce service, et, tout en les aimant comme ses enfants, elle convenait de leurs défauts et avouait que parfois ils juraient tout haut, fumaient en cachette et faisaient entrer clandestinement de l'eau-de-vie à l'hôpital. Vos élèves ne font rien de tout cela.

LA SŒUR.

Hélas! font-elles mieux? Voler un reliquaire, le réduire en morceaux, mentir pour se disculper! Ah! Seigneur, que de péchés!...

LA SUPÉRIEURE.

Des péchés véniels à bien considérer.

LA SŒUR.

Véniels ! ma Mère ; je ne sais, mais assurément fort graves ; vous en avez jugé ainsi, du moins.

LA SUPÉRIEURE.

Il est vrai !... Enfin, calmez-vous, ma chère sœur, et remettez-vous-en pour tout à la bonté divine.

LA SŒUR.

Mais, en conclusion, ma chère Mère, accueillez-vous favorablement la prière que je vous ai adressée ?

LA SUPÉRIEURE.

Quoi, sérieusement, vous voulez aller soigner les malades à l'hospice ? abandonner nos enfants ?

LA SŒUR.

Cela vaudrait mieux pour elles et pour moi !

LA SUPÉRIEURE.

Eh bien ! si vous persévérez dans votre intention, nous verrons, ma sœur.

LA SŒUR.

Bien, ma Mère ! j'attendrai votre décision, confiante dans votre sagesse maternelle... Ah ! voilà ces demoiselles.

LA SUPÉRIEURE.

Irène n'est pas avec elles ?

LA SŒUR.

Sans doute, elle n'a pas encore terminé ses apprêts de départ. (*Toutes les élèves entrent.*)

SCÈNE VI

LA SŒUR DOMINIQUE, LA SUPÉRIEURE, NOÉMIE, MARGUERITE, ANGÉLINA, MARIE.

LA SUPÉRIEURE.

Je vous ai réunies, mes enfants, pour que vous puissiez adresser vos adieux à votre compagne. Irène, paraît-il, est encore retenue par ses préparatifs de voyage, mais elle va venir dans un instant.

ANGÉLINA, tristement.

Pauvre Irène !

MARGUERITE.

J'ai envie de pleurer.

MARIE.

Et moi aussi.

NOÉMIE, à part.

Nous touchons au dénoûment, et il y a toujours quelque chose dans cette histoire que je ne saisis pas.

LA SUPÉRIEURE.

Mes enfants, je suis obligée de faire un douloureux exemple; j'espère au moins que ce sera le dernier et que le mauvais esprit qui règne dans la grande classe depuis plusieurs mois se dissipera enfin et sans retour.

SCÈNE VII

LES MÊMES, IRÈNE.

ANGÉLINA.

Voilà Irène.

MARGUERITE.

C'est étonnant, elle n'a pas les yeux rouges ! Moi je les aurais comme des tomates, à sa place.

ANGÉLINA.

Et moi je serais morte de honte.

LA SUPÉRIEURE, bas à la sœur.

Louise est toujours à l'infirmerie, n'est-ce pas ?

LA SŒUR.

Oui, ma Mère.

LA SUPÉRIEURE, à Irène.

Approchez-vous, mon enfant. L'heure est venue de vous séparer de nous ; une amie de vos parents s'est chargée de vous amener à eux ; j'ai pensé qu'il était préférable qu'une situation aussi pénible ne se prolongeât pas. Adressez-donc vos adieux à vos compagnes, à sœur Dominique, et que la bénédiction de Dieu vous accompagne.

IRÈNE.

Adieu, ma chère Mère, je vous remercie des bontés que vous avez eues pour moi, et vous, ma chère sœur, de l'indulgence avec laquelle vous m'avez toujours traitée.

LA SŒUR, d'une voix brisée.

Ah ! mon enfant, mon cœur est navré.

IRÈNE, à sœur Dominique.

Priez pour moi, ma chère sœur. Malgré la façon dont je le quitte, j'emporte un affectueux souvenir du couvent, et je demande (*se tournant vers les élèves*) à mes chères compagnes de ne pas m'oublier.

ANGÉLINA, en pleurant.

Jamais, jamais !

IRÈNE.

Bonne petite ! embrassez-moi. (*Bas à Angélina.*) Vous embrasserez Louise de ma part et vous lui direz que je la supplie, au nom de Dieu, au nom de son père, au nom de votre amitié, de faire ce que je lui demande ; elle saura demain de quoi il s'agit. Adieu, Marguerite ; je vous donne mon dé que je vous ai prêté hier. Gardez-le, je vous prie, en souvenir de moi.

MARGUERITE.

Oh ! celui-là, je ne le perdrai pas. Que j'ai de chagrin, chère Irène !

IRÈNE, à Marie.

Adieu, Marie.

MARIE, en pleurant.

Adieu, adieu.

IRÈNE.

Merci, merci. Et vous, Noémie, ne m'embrasserez-vous pas aussi. Allons, sans rancune ; pour moi, je n'en garde pas contre vous.

NOÉMIE.

Ah ! Irène, je regrette bien des choses ! (*Bas.*) Vous devriez demander votre grâce ; nous nous joindrions à vous, et la Supérieure se laisserait peut-être attendrir, surtout à cause de la sœur Dominique qui est au désespoir.

IRÈNE, bas.

Non, non, ce serait inutile ; mais je vous remercie de votre intérêt.

SCÈNE VIII

Les mêmes, CADETTE.

CADETTE.

On attend Mademoiselle Irène au parloir.

IRÈNE.

J'y vais. Merci, Cadette, de vos bons services (*bas*) et surtout du dernier !... N'oubliez pas à la cloche de midi... vous aurez votre robe.

CADETTE.

Mademoiselle est trop bonne. (*A part.*) Ah ! là ! là ! je ne ne suis point à mon aise. [Bah ! c'est encore le malin qui veut me tenter !

IRÈNE.

Cadette, prenez mon sac. (*Aux élèves.*) Adieu, mes amies.

SCÈNE IX

Les mêmes, LOUISE.

LOUISE.

Arrêtez ! arrêtez !

IRÈNE.

O ciel ! Louise !

LA SUPÉRIEURE, à Louise.

Qu'avez-vous, mon enfant ?

LOUISE.

Ah ! ma Mère, retenez Irène ; ne la laissez pas partir, elle est innocente !

LA SŒUR.

Est-il possible !

LA SUPÉRIEURE, à Louise.

Et comment ? Votre amitié vous abuse ! le reliquaire a été trouvé dans ses mains.

LOUISE.

Il sortait des miennes. Elle est innocente et s'est généreusement sacrifiée pour moi.

IRÈNE, d'un ton de reproche.

Oh ! Louise ! que faites-vous ?

LOUISE, avec fermeté.

Ce que je dois. M'avez-vous crue capable de vous laisser chasser du couvent à ma place ?... C'est moi seule qui ai brisé ce reliquaire, et vous l'ai confié, parce que je me sentais incapable d'en dissimuler les débris. Je les lui ai remis hier au soir, ma chère Mère, ici-même ; vous nous avez surprises tandis que nous étions en conférence à ce sujet, et, lorsque vous êtes entrée dans la pièce, nous n'avons eu que le temps d'éteindre notre lumière et de nous cacher derrière les rideaux de la croisée.

LA SUPÉRIEURE.

Ah ! je comprends pourquoi j'ai trouvé ce bout de bougie.

LOUISE, à la Supérieure.

N'est-ce pas, ma Mère, vous me croyez ; vous admettez que c'est moi, moi seule qui...

LA SUPÉRIEURE, l'interrompant.

Qui avez voulu voir de plus près le reliquaire pour satisfaire une curiosité et calmer des préoccupations que les taquineries peu mesurées de vos compagnes avaient rendu assez excusables, et qui l'avez laissé tomber en entendant arriver Cadette.

LOUISE, avec une joyeuse surprise.

Irène, qu'entends-je ? Oh ! comment, par quel miracle la vérité est-elle enfin révélée à notre chère Supérieure, malgré les mauvaises apparences qui se trouvaient accumulées contre moi ?

LA SUPÉRIEURE, avec gravité.

Par la permission de Dieu, qui n'a pas voulu que vous ou Irène fussiez punies au delà de vos torts. Vous auriez dû vous fier à sa bonté dès le début de cette affaire, mon enfant, ne jamais douter des manifestations de sa justice et soutenir énergiquement la vérité. Enfin, Dieu m'a permis d'arriver à temps pour intercepter une lettre que vous écrivait Irène dans l'espoir de vous convaincre qu'il fallait la laisser punir à votre place. En écrivant ce billet, elle manquait au règlement, et ce n'est pas la seule infraction que vous et elle y ayez faites ; mais je veux passer par dessus ces torts de détail pour ne voir que votre dévouement mutuel, le courage et la générosité que vous avez, l'une et l'autre, déployés. Je vous pardonne, en un mot, ce qu'il y a eu d'irrégulier dans votre façon d'agir en faveur de vos bons sentiments. Dieu soit loué ! cette affaire se termine à l'honneur du couvent, à notre édification et à la satisfaction de tous.

ANGÉLINA.

Alleluia !

TOUTES LES ÉLÈVES.

Alleluia ! Alleluia !

LOUISE.

Ma chère Irène !

IRÈNE.

Ma bonne Louise !

LA SŒUR, à Irène et à Louise.

Ah ! mes chères filles ! que je vous réunisse dans une même étreinte ! Après celui de ma profession, c'est le plus beau jour de ma vie !

LA SUPÉRIEURE.

Eh bien ! ma chère Sœur, vous renoncez à vos militaires ?

LA SŒUR.

Oui, ma chère Mère ; avec votre permission, je resterai parmi mes enfants.

ANGÉLINA.

Je le crois bien ! Avec cela que nous vous aurions laissée partir.

LA SUPÉRIEURE.

Ah ! mais que nous veut Cadette ?

~~~~~~~

SCÈNE X

Les mêmes, CADETTE.

LA SUPÉRIEURE.

Je lui ai aussi pardonné ; seulement ne comptez plus sur elle pour porter vos lettres, Mesdemoiselles.

IRÈNE, à demi-voix.

Elle les portait si mal !...

CADETTE.

Ah ! ma chère Mère! c'était le malin, voyez-vous, qui m'avait mal conseillée.

LA SUPÉRIEURE.

Alors, tâchez de ne plus l'écouter dorénavant.

IRÈNE, bas à Cadette.

Vous aurez tout de même votre robe.

CADETTE.

Merci, Mademoiselle.

LA SUPÉRIEURE.

Enfin, que m'apportez-vous, Cadette ?

CADETTE.

Une lettre et un petit paquet de la part de Monseigneur; c'est son secrétaire particulier qui vient de le remettre pour ma chère Mère.

LA SUPÉRIEURE.

Donnez. Voyons la lettre d'abord. (*Elle lit tout bas.*) Ah ! mes enfants, encore une grâce insigne que Dieu nous accorde en ce jour et dont notre digne Évêque est l'intermédiaire.

LA SŒUR.

Qu'est-ce, ma Mère ?

LA SUPÉRIEURE.

Écoutez ; je vais vous lire la lettre pastorale.

TOUTES LES ÉLÈVES.

Oui, écoutons, écoutons !

LA SUPÉRIEURE (elle lit).

« Mes très chères Filles en Notre-Seigneur, mon cœur de pasteur et de père se réjouit à la pensée de la bonne nouvelle que je viens vous mander par la présente lettre. Grâce aux savantes recherches du chanoine Gerbert, notre collaborateur et ami, une précieuse découverte vient d'être faite en notre chartrier épiscopal, concernant une relique donnée jadis à votre Communauté par une haute et puissante dame, fille de nos rois très chrétiens, Jeanne de Valois, de sainte mémoire, alors retirée aux Annonciades de Bourges. Cette pieuse princesse avait fait don à votre ordre d'un reliquaire contenant une petite fiole teinte du sang d'une vierge et martyre dont le tombeau se trouvait dans les catacombes de Rome, au lieu dit du Cimetière-de-Sainte-Agnès. Vous n'ignorez pas, mes très chères Filles, cette coutume des premiers siècles de l'Église de placer ainsi quelques gouttes de leur sang recueillies avec soin par des mains pieuses auprès des corps des confesseurs de la foi; c'est à cette excellente tradition que nous devons la précieuse relique dont il est question ici; elle témoigne de la mort héroïque de sainte Népome, improprement appelée sainte Népomucette par une corruption de son nom. Lors de la révolution, en 1793, une personne dévouée déroba cette relique au pillage du couvent et la mit précieusement en dépôt chez une dame Pérone Lachaise, comme en font foi les parchemins ci-joints. Cette dame, ayant dû s'expatrier, emporta avec elle la relique. Enfin, j'abrège le récit des circonstances providentielles qui me permettent de la restituer aujourd'hui à votre couvent. Sachez seulement le nom de celui qui a mérité que votre gratitude le suivit au delà du tombeau, sous la forme de ferventes prières adressées à Dieu pour le repos de son âme; ce digne chrétien, qui sauva la relique, s'appelait Louis-Alexandre Ducoudret !... »

LOUISE.

Mon grand-père !

LA SUPÉRIEURE, avec émotion.

Lui-même, mon enfant, honnête homme et bon chrétien, trop longtemps méconnu par l'opinion publique. Nous ferons en sorte qu'elle soit éclairée et que justice soit rendue à la mémoire de Louis Ducoudret.

LOUISE.

Merci, ma Mère. Ah ! je suis bien heureuse !

IRÈNE.

Et moi donc ! je partage votre joie de tout cœur.

NOÉMIE.

Recevez mes sincères excuses, ma chère Louise ; je suis confuse de ma conduite passée.

LOUISE, à Noémie.

Je vous pardonne bien volontiers ; ainsi, n'y pensez plus.

LA SUPÉRIEURE.

Puissiez-vous, mes enfants, tirer une leçon de cette tardive révélation et apprendre à ne plus juger avec légèreté et rigueur ce que vous ne savez pas ou ce que vous savez mal. Voyez comme on peut se laisser entraîner à la médisance, et de la médisance passer aux plus graves calomnies.

ANGÉLINA.

En effet, c'est odieux.

MARGUERITE.

Nous ne dirons plus de mal de personne, ma chère Mère.

MARIE.

Oh! non! plus jamais.

NOÉMIE.

Nous le promettons.

IRÈNE.

Désormais, nous serons toujours conciliantes.

ANGÉLINA.

Charitables.

MARIE.

Bienveillantes.

MARGUERITE.

Plus de médisances.

ANGÉLINA.

Ni de jugements téméraires.

NOÉMIE.

Ni de calomnies.

LA SŒUR.

Ainsi soit-il.

LA SUPÉRIEURE.

Dieu vous entende, mes enfants, et vous soutienne dans vos bonnes résolutions. Et maintenant, allons déposer ce nouveau reliquaire au pied de la statue de sainte Népome ou Népomucette.

TOUTES LES ÉLÈVES.

Sainte Népomucette! sainte Népomucette!

Un rideau s'ouvre dans le fond du théâtre et l'on aperçoit l'oratoire de sainte Népomucette orné de lumières et de fleurs.

FIN DE SAINTE NÉPOMUCETTE.

LE

PROCÈS DE JEANNETON

COMÉDIE EN UN ACTE

PERSONNAGES

L'AVOCAT.
JEANNETON.

LE
PROCÈS DE JEANNETON

COMÉDIE EN UN ACTE

SCÈNE I

La scène représente le cabinet de travail de l'avocat. Il est assis devant une table chargée de papiers et de livres, et étudie un dossier.

L'AVOCAT, seul.

Je me suis levé tôt ce matin, j'ai devant moi un bon temps de travail avant l'arrivée des clients. Voyons, par quoi commencer ? Prendrai-je l'affaire de l'entrepreneur ou celle de l'épicier ? Ah ! le procès de M. de Séligny, auquel je ne songeais pas !... mauvaise affaire, difficile à plaider. Où est son dossier ? L'avoué me l'a pourtant remis hier. (*On frappe à la porte.*) Comment, déjà quelqu'un !... Que peut me vouloir cette commère, de si grand matin ?

SCÈNE II

L'AVOCAT, JEANNETON.

<small>Elle porte un panier à son bras et est vêtue en paysanne.</small>

<small>JEANNETON, faisant la révérence.</small>

Bien le bonjour, Monsieur l'avocat.

<small>L'AVOCAT, avec humeur.</small>

C'est insupportable ! Brave femme, je suis occupé ; pourquoi venez-vous me déranger, que diable !

<small>JEANNETON, d'un ton plaintif.</small>

Hélas ! mon cher Monsieur !

<small>L'AVOCAT.</small>

Allons ! quelque solliciteuse ! Je ne puis rien pour vous et mes instants sont précieux. Retirez-vous et laissez-moi la paix.

<small>JEANNETON, d'un ton suppliant.</small>

J'ai grand besoin de vous, Monsieur l'avocat.

<small>L'AVOCAT, sèchement.</small>

J'en suis fâché. Adressez-vous ailleurs ; je ne suis pas riche ; les clients payent si mal et sont si rares !...

<small>JEANNETON, changeant de ton.</small>

Je le crois ben, ma foi ! si vous les recevez de la sorte ! Alors, vous ne voulez point de mon procès ?...

<small>L'AVOCAT, s'adoucissant.</small>

Mais si, mais si ! Excusez-moi, ma chère dame, je n'avais pas compris qu'il était question d'un procès, que vous faisiez appel à mon ministère.

JEANNETON.

Pardine ! quand on s'adresse au sabotier, c'est qu'on a besoin de sabots !

L'AVOCAT, d'un air aimable.

Oh ! mais alors, c'est bien différent, du moment qu'il s'agit d'un procès ! Comme je vous le disais tout à l'heure, mon temps est précieux, parce que je le réserve à mes chers clients.

JEANNETON.

Et le mien donc ! croyez-vous que l'ouvrage chôme chez nous ?

L'AVOCAT.

Non, certes.

JEANNETON.

A cette heure, je devrions être à soigner notre porc, sauf votre respect ; pauvre bête ! je dois ben lui faire faute...

L'AVOCAT.

Intelligent animal !... mais oublions-le un instant pour ne songer qu'à votre affaire. D'abord, asseyez-vous, je vous prie, et débarrassez-vous de ce panier.

JEANNETON.

Faites excuse ; mon panier ça me sert de contenance, et puis j'ai deux livres de beurre et une douzaine d'œufs dedans.

L'AVOCAT.

Ah ! vraiment !

JEANNETON.

Je me suis dit comme ça : « Si tu trouves un avocat bien gentil qui te gagne ton procès ; eh bien ! tu lui en feras cadeau à cet homme ! »

L'AVOCAT.

Excellente pensée! mais avant de gagner un procès, il convient de l'étudier longuement; puis, il faut plaider, attendre que le jugement soit rendu, enfin mille formalités légales pendant lesquelles votre beurre pourrait rancir, ce qui serait bien dommage.

JEANNETON.

Ne vous inquiétez pas; on le fera saler, s'il le faut.

L'AVOCAT.

Le beurre salé ne vaut rien; le plus sûr serait de me le donner tout de suite.

JEANNETON.

Comme vous y allez! Faut savoir d'abord si vous serez mon avocat?

L'AVOCAT.

Enfin, le beurre est bon.

JEANNETON.

Je crois bien.

L'AVOCAT.

Alors, la cause doit l'être aussi.

JEANNETON.

Vous êtes un homme plaisant! J'aime ça, moi! Ça me donne confiance. Je vas vous conter mon histoire.

L'AVOCAT.

Parlez, je vous écoute. Il s'agit de quelque mur mitoyen?

JEANNETON.

Il n'y a pas de muraille dans l'affaire.

L'AVOCAT.

Alors, d'une succession ?

JEANNETON.

Faites excuse, mon défunt papa ne m'a laissé qu'une marmite et un couteau ; nous n'avons donc pas eu besoin de notaire.

L'AVOCAT.

Êtes-vous mariée ?

JEANNETON.

Mais oui, mon bon Monsieur, à Pierre-Marie-Nicodème Latouchade.

L'AVOCAT.

Pourquoi Nicodème Latouchade ne vient-il pas traiter ses affaires lui-même ? Le mari est le chef de la communauté.

JEANNETON.

C'est que Marie-Nicodème, qui est un bien digne homme, du reste, ne sait causer qu'avec ses bœufs ; il m'a dit comme ça : « Ma mie, puisque cette affaire il te tourne le sang, va trouver un avocat et lui conter ce qui te chagrine, tout au long ; les femmes elles savent mieux parler que nous, histoire de s'exercer davantage à la chose. Alors, j'ai pris le bourriquet et je suis partie.

L'AVOCAT.

Vous avez bien fait ; voyons, avec qui avez-vous un différend.

JEANNETON.

C'est avec ma voisine Bernadade, une vraie peste, une grande femme noiraude, avec un nez crochu, des yeux perçants, si vilaine qu'on dirait le diable.

L'AVOCAT.

Enfin, votre voisine... (*Déclamant.*) « Ce nom aurait suffit sans ce torrent d'injures. » Je pense que ce n'est pas à cause de sa laideur que vous lui en voulez ? Que vous a-t-elle donc fait ?

JEANNETON.

Des misères! des misères! que c'est à ne pas croire.

L'AVOCAT.

Quelques discussions; vous aurait-elle injuriée ?

JEANNETON, d'un ton digne.

Ma foi, non! nous ne nous parlons pas.

L'AVOCAT.

Des voies de faits, alors, c'est plus sérieux. Ainsi, elle vous a battue ?

JEANNETON, fièrement.

Battue, moi! J'aurais voulu voir çà.

L'AVOCAT.

Il faut donc écarter les coups, blessures et sévices graves. C'est dommage.

JEANNETON.

Merci de moi, Monsieur l'avocat, je ne tiens pas à avoir été battue.

L'AVOCAT.

Ce que j'en disais, c'était pour les besoins de la cause. Elle vous a peut-être dérobé quelque objet. Ah! s'il pouvait y avoir vol avec effraction dans une maison habitée! le cas serait plein de ressources!

JEANNETON.

A vrai dire, je ne puis pas prétendre qu'elle m'ait positivement volée, mais elle a fait bien pis, la misérable !... Quand j'y pense, je voudrais la trainer devant les assises ousqu'on condamne les gens à être pendus.

L'AVOCAT.

Pendus ! ce n'est pas tout à fait conforme aux prescriptions du code criminel ! Mais revenons à votre voisine ; vous ne pouvez pas soutenir pourtant qu'elle vous a assassinée, et s'il n'y a ni injure, ni coup, ni vol ! mais, j'y songe, elle a peut-être incendié votre domicile.

JEANNETON.

Vous l'avez dit ; et il s'en est fallu de peu que tout brûlât.

L'AVOCAT.

Ainsi, vous êtes bien sûre qu'elle a mis le feu à votre immeuble, elle-même, exprès !...

JEANNETON, avec impatience.

Mis le feu, mis le feu ; pas avec la main, mais c'est tout comme.

L'AVOCAT.

Je ne comprends plus ! Enfin me direz-vous clairement ce que vous a fait la nommée Bernadade contre laquelle vous voulez porter une plainte ? Encore faut-il savoir en quoi elle consiste.

JEANNETON.

Elle m'a jeté un sort ! là ! êtes-vous content ?

L'AVOCAT, avec colère.

Jeté un sort ! vous vous moquez de moi et je trouve la plaisanterie fort déplacée.

JEANNETON.

Ah! sainte Vierge! je veux être damnée si je plaisante sur un pareil sujet! Je n'oserais seulement pas.

L'AVOCAT.

Mais enfin!

JEANNETON.

Elle m'a jeté un sort comme je vous le dis; que c'est une abomination, quoi! Peut-on faire une plus grande nuisance à quelqu'un, je vous le demande?

L'AVOCAT.

Mais qu'entendez-vous par un sort?

JEANNETON.

Ma fine, vous le savez bien, tout le monde sait cela! Un sort, c'est ce qu'il y a de plus mauvais, et quand on en a sur soi par la malice de quelque mal intentionné, il faut s'attendre à tout : à la maladie, aux querelles, aux accidents, à la pauvreté; il faut craindre le feu, l'eau, le soleil et la pluie; tout est dangereux pour celui qu'a un sort; qu'il sorte ou qu'il rentre, qu'il voyage ou se tienne chez lui; qu'il dorme ou qu'il veille, il n'est jamais en sûreté. Un sort, ça s'attaque à tout : aux hommes, aux femmes, aux enfants, aux bêtes, aux moissons, aux bâtisses : rien ne lui échappe; il n'y a pas de remède contre ce mal-là et mieux vaut la peste et le choléra, l'épizootie ou la clavelée auxquels les médecins font parfois quelque chose. Hélas! si l'on ne peut s'en guérir, on ne peut non plus s'en défendre! il n'y a pas à compter sur le garde-champêtre ou sur les gendarmes; je crois que M. le curé lui-même n'y peut rien, quoiqu'il en dise; enfin, pour le faire bref, c'est le plus grand des malheurs qui puisse atteindre un chrétien, puisque, dans ce malheur-là, il s'y trouve tous les autres malheurs ensemble.

L'AVOCAT, avec une ironie contenue.

Mon Dieu! ma pauvre femme, pour être vrai, je crains que la loi elle-même ne soit désarmée devant ce terrible fléau que vous nommez un sort; et qu'à tous ces autres inconvénients, si bien décrits par vous, il joigne celui d'être insaisissable.

JEANNETON.

Ah! Monsieur l'avocat! je pense bien que la justice n'empêchera pas qu'un sort ne m'ait été jeté, pauvre de moi!

L'AVOCAT.

Mais alors, que lui demandez-vous?

JEANNETON, avec éclat.

De punir cette mauvaise femme!

L'AVOCAT, ironiquement.

Je crains qu'elle ne veuille pas s'y prêter!

JEANNETON.

Alors, à quoi que ça sert les présidents, les juges, les avocats?...

L'AVOCAT, piqué.

Ça sert à juger et à plaider des causes raisonnables : la vôtre ne l'est pas.

JEANNETON, résolument.

Puisque vous le prenez ainsi, je vas chez un autre. (*Elle prend son panier.*)

L'AVOCAT.

Là! là! calmez-vous, ma chère cliente, et surtout posez votre panier; une omelette est bientôt faite.

JEANNETON, avec humeur.

En tout cas, c'est pas vous qui la mangerez !

L'AVOCAT.

Mon Dieu, ne nous emportons pas, Madame Latouchade. (*A part.*) Ne laissons point partir l'affaire et les provisions. (*Haut.*) Je n'ai peut-être pas assez creusé votre dossier. Ainsi, vous ne m'avez pas encore dit en quoi s'était manifesté la diabolique influence de votre coupable voisine ? Voyons, voyons ; racontez-moi cela.

JEANNETON, avec conviction.

Ah ! c'est une histoire qui vous fera frémir, allez !

L'AVOCAT.

Je vous écoute avec la plus grande attention.

JEANNETON.

C'est la veille de la Saint-Michel que je l'ai rencontrée pour la première fois, car elle est étrangère au pays, et vient de je ne sais où ! J'allais justement porter de l'argent à notre propriétaire ; je la trouvai au bas de la montée qui mène au château ; elle était assise sur une grande pierre plate au bord du chemin et m'attendait pour sûr, puisqu'elle n'avait point affaire là ; comme je portais un grand panier et deux paires de poulets à la main, j'étais fatiguée et je posai un instant ma charge sur la pierre à côté d'elle pour reprendre haleine ; j'aurais mieux fait de m'en aller tout droit au château où on me donne toujours de quoi me rafraîchir, mais je n'y songeai point, quand je m'arrêtai près de cette femme ; cependant elle s'était rangée un brin pour me faire place, et, comme j'ai de l'usage, je lui dis bonjour et merci pour reconnaître sa politesse ; alors, elle me répond en me regardant bien dans les yeux : « Comment que vous vous appelez ? » L'effrontée, voyez-vous ça ?

L'AVOCAT.

Eh bien !

JEANNETON.

Eh bien ! ne savez-vous pas que ça porte malheur de demander aux gens leur nom sur le grand chemin ?

L'AVOCAT.

J'avoue mon ignorance à ce sujet !

JEANNETON.

C'est pourtant une chose bien connue chez nous et que tout le monde tient pour vérité.

L'AVOCAT.

Ma foi, pour ma part...

JEANNETON.

Je vas vous le prouver. J'arrive chez mon propriétaire qu'est le meilleur homme du monde et il m'annonce qu'il nous augmente notre bail de 100 francs.

L'AVOCAT.

C'était son droit, si la police était expirée, de changer les conditions de votre fermage.

JEANNETON.

Ah! pauvre cher homme ! je ne lui en veux pas; je sais bien que c'est de la faute de Bernadade.

L'AVOCAT.

Hum, hum ! (*A part.*) Elle est folle, la fermière !

JEANNETON.

Le lendemain, en ouvrant ma fenêtre, le matin, je vois cette mauvaise femme plantée de l'autre côté de la haie qui regardait notre maison comme si elle voulait la dévorer des yeux; j'en ai eu froid jusqu'au cœur et c'était comme un pressentiment, car, le soir même, il y avait un incendie chez nous.

L'AVOCAT.

Allumé par elle ? Revenons à ce point important.

JEANNETON.

Non, c'est le petit qu'a mis le feu à sa paillasse, mais c'est tout comme.

L'AVOCAT, d'un ton irrité.

Point du tout ! point du tout ! Distinguons; un enfant désobéissant....

JEANNETON, avec attendrissement.

C'est un chérubin, pauvre gars !. mais que vouliez-vous qu'il fît contre un sort ? Je ne l'ai pas grondé, allez !...

L'AVOCAT, éclatant.

Vous avez eu tort. Et tout cela n'a pas le sens commun.

JEANNETON, avec animation.

Et si je vous dis qu'un de nos bœufs est mort parce qu'elle a touché la pauvre bête avec le bout d'une gaule ; vous ne me croirez point peut-être ? et que tous mes saucissons sentent la souris cette année ! et que je n'ai pu réussir ni une couvée de poulets ni une couvée de canards ! Que me direz-vous, à la fin, Monsieur l'avocat ?

L'AVOCAT, furieux.

Que vous êtes la plus grande extravagante que j'aie vue de ma vie !

JEANNETON, furieuse.

Entendez-vous, l'impertinent !

L'AVOCAT.

Depuis une heure, vous me débitez des sornettes.

JEANNETON.

Qu'est-ce que c'est que ça, des sornettes ?

L'AVOCAT.

Des choses qui ne signifient rien.

JEANNETON, résolument.

C'est comme ça ! Je m'en vais.

L'AVOCAT.

Auparavant, payez-moi ma consultation. C'est cinq francs.

JEANNETON, vivement.

Allons donc, des choses qui ne signifient rien, vous l'avez dit vous-même, ça ne vaut pas cinq francs.

L'AVOCAT.

Mais mon temps, malheureuse !

JEANNETON.

Et le mien donc ! Vous voyez bien que nous sommes quitte.

L'AVOCAT, prenant le panier.

Au moins, laissez-moi pour honoraires le beurre et les œufs.

JEANNETON.

Voyez-vous le gourmand ! Voulez-vous lâcher mon panier.

L'AVOCAT, retenant le panier.

Mais, non.

JEANNETON, tirant sur le panier.

Lâchez-le, vous dis-je !

L'AVOCAT.

Ne tirez pas si fort, vous allez casser les œufs!

JEANNETON.

Rendez-moi mon panier, vilain chicaneur!

L'AVOCAT.

Gardez-le maintenant; l'omelette est faite pour de bon, cette fois.

JEANNETON, d'un ton désolé.

Mes œufs cassés! mon beurre perdu! C'est encore un effet du mauvais sort que m'a jeté Bernadade.

FIN DU PROCÈS DE JEANNETON.

LE COQ ET LA PERLE

COMÉDIE EN UN ACTE

PERSONNAGES

~~~~~~

M. DE SOL, vieillard.
ARABELLE, nièce du précédent.
VÉRONIQUE, servante.

LE COQ ET LA PERLE

COMÉDIE EN UN ACTE

SCÈNE I

La scène représente un cabinet d'étude ; M. de Sol, en robe de chambre et en bonnet grec, est assis près d'une table et lit un livre avec attention.

M. DE SOL.

Charmant !... Que d'idées ! Quelle justesse d'expression, quelle profondeur dans la pensée ! (*Avec enthousiasme.*) O mon immortel ami ! jamais je ne me lasserai de lire ces fables incomparables où tant de douce morale et de vraie philosophie se trouvent réunies sous la forme la plus attrayante. Quand je pense que tous ces stupides petits écoliers et écolières apprennent en rechignant les fables de La Fontaine, je me sens pris contre eux d'une indignation !...

SCÈNE II

M. DE SOL, ARABELLE.

ARABELLE, entrant impétueusement.

Indignation, dites-vous! Ah! mon oncle, je ne sais ce qu'est la vôtre, mais la mienne est sans bornes!

M. DE SOL, avec calme.

Je me doute, ma chère nièce, qu'elles ne doivent pas avoir le même objet.

ARABELLE.

La malheureuse gardeuse de dindons, que vous avez promue dernièrement au grade de cuisinière, me fera mourir de honte et de chagrin.

M. DE SOL.

Bon! Qu'a fait encore Véronique

ARABELLE.

Une chose épouvantable.

M. DE SOL.

Aurait-elle brûlé le dîner?

ARABELLE.

Ah! si ce n'était que cela!...

M. DE SOL.

Peste! J'aime mieux, je vous l'avoue, une sottise qui ne se mange pas. Enfin, de quoi s'agit-il? Expliquez-vous avec calme, Arabelle.

ARABELLE.

Le moyen de conserver son calme dans certaines circonstances!

M. DE SOL.

Si vous lisiez La Fontaine avec plus de fruits, il vous apprendrait la patience et mille autre vertus aimables : « Patience et longueur de temps font plus que force ni que rage. » Mais revenons à Véronique.

ARABELLE.

Écoutez et jugez vous-même si on peut conserver la patience avec une fille pareille. Tout à l'heure, le nouveau sous-préfet et sa femme sont venus nous rendre une visite ; j'étais à ma toilette...

M. DE SOL.

Eh bien! elle a dit que vous étiez sortie ; ce n'était pas déjà si bête.

ARABELLE.

C'eût été trop bien trouvé pour elle! Je l'ai entendue de mes deux oreilles, j'étais derrière la persienne de ma chambre, articuler cette jolie phrase : « Mademoiselle, il est à se décrasser. »

M. DE SOL, riant.

Décrasser! Le mot est dur.

ARABELLE, fâchée.

Vous riez ?

M. DE SOL.

Que voulez-vous, c'est fort drôle. Si vous aviez un peu plus de philosophie, vous en feriez autant.

ARABELLE, avec humeur.

J'ai plutôt envie de pleurer.

M. DE SOL.

Allons, ne prenez pas les choses au tragique ; le sous-préfet n'est pas à marier.

ARABELLE, avec humeur.

Vous plaisantez toujours; mais moi, je vous en préviens, je n'en peux plus de cette fille.

M. DE SOL.

Laissez-lui le temps de s'habituer à son service. Vous l'ahurissez avec vos réprimandes constantes; elle est propre, active, honnête, c'est beaucoup, et, j'oublie, d'une grande économie.

ARABELLE, ironiquement.

Oh! d'une économie prodigieuse. J'ai trouvé ce matin dans le salon tous les coussins et les tapis retournés à l'envers, et, lorsque je lui ai demandé compte de cette heureuse disposition des objets, du reste si flatteuse à l'œil, elle m'a répondu qu'elle les avait placés ainsi pour épargner l'endroit.

M. DE SOL.

Vous voyez bien, l'intention est excellente, si l'application laisse un peu à désirer.

ARABELLE.

Elle me laisse à désirer, moi, que cette précieuse Véronique aille au plus tôt retrouver ses dindons.

M. DE SOL.

La mesure serait bien mortifiante pour elle; c'est un général de brigade que vous voulez faire rétrograder au grade de colonel. Voyons, songez un peu vous-même, que dirait-elle à ses dindons?...

ARABELLE.

Tout ce qui lui plairait, pourvu que j'en sois débarrassée.

M. DE SOL.

Il n'y a rien de si impitoyable que l'amour-propre blessé d'une femme!

ARABELLE, vivement.

Si ce n'est un oncle qui veut avoir une servante au rabais.

M. DE SOL, riant.

Petite méchante! Eh bien! quelque chose me dit que Véronique est une perle.

ARABELLE.

C'est votre livre de cuisine qui vous dit cela. (*Avec ironie.*) Une perle, Véronique une perle!

M. DE SOL.

Oui, mais encore enfermée dans son huître, j'en conviens, et vous êtes vous, ma nièce, comme ce coq qui, lui aussi, avait trouvé une perle et disait... Tenez, écoutez ceci. (*Il prend le livre de La Fontaine.*)

ARABELLE, avec un peu d'humeur.

Bon, une fable, j'en suis sûre!...

M. DE SOL.

C'est très calmant. (*Il lit.*)

> Un jour un coq détourna
> Une perle qu'il donna
> Au beau premier lapidaire.
> Je la crois fine, dit-il;
> Mais le moindre grain de mil
> Serait bien mieux mon affaire.

ARABELLE, l'interrompant avec impatience.

Oui, oui, je la connais; après cela, il s'agit d'un manuscrit et d'un libraire, et puis... et puis, cette fable est surtout remarquable par son absence de conclusion.

M. DE SOL.

C'est au lecteur à la trouver lui-même.

ARABELLE, vivement.

Je n'ai pas le temps.

M. DE SOL.

Il est clair qu'il s'agit d'un trésor mal apprécié par son possesseur :

Un ignorant hérita
D'un manuscrit qu'il porta....

ARABELLE, l'interrompant.

Impossible d'entendre la suite, mon bon oncle, il faut que j'aille me préparer pour le bal de ce soir.

M. DE SOL.

Ah ! je l'avais oublié, mais les jeunes personnes n'ont en tête que des sornettes. Allez vous habiller et tâchez de ne pas être en retard quand ma sœur viendra vous prendre.

ARABELLE.

Je serai prête, n'en doutez pas.

M. DE SOL.

Mettez-vous votre robe de soie bleue ou votre robe de mousseline blanche ?

ARABELLE.

Celle de mousseline, c'est plus vaporeux. Mon coiffeur, que j'attends d'un instant à l'autre, doit m'apporter une couronne de myosotis ; ces fleurs forment de petites touffes, vous verrez, c'est charmant.

M. DE SOL.

Fort bien, je ne vous retiens plus.

ARABELLE.

Mais, sérieusement, mon cher oncle, est-ce que vous ne voulez pas m'accorder quelque chose au sujet de Véronique ?

M. DE SOL.

Vous y revenez !... Allons, vous allez me demander sa tête.

ARABELLE.

Pas tout à fait ; je vous demande seulement, si elle fait encore une grosse bêtise dans les vingt-quatre heures, de la renvoyer sans merci.

M. DE SOL.

Puisque vous le voulez absolument, eh bien ! je vous l'accorde. Le ciel protège la pauvre Véronique ! mais ne lui tendez pas un piège, au moins ?... Je connais les perfides détours de la rouerie féminine lorsqu'il s'agit d'atteindre un but. Ainsi, l'avez-vous prévenue nettement que vous ne vouliez recevoir personne pour vaquer aux préparatifs de ce bal ?...

ARABELLE.

Je le lui ai répété deux fois. Du reste, vous allez constater, car on sonne. (*On entend une sonnette.*)

M. DE SOL, prêtant l'oreille.

La porte d'entrée se referme ; elle a congédié le visiteur, c'est bien, mais appelez-la pour savoir le nom.

ARABELLE.

La voici. Sans doute, elle apporte une carte.

SCÈNE III

Les mêmes, VÉRONIQUE.

ARABELLE, à Véronique.

Donnez vite.

VÉRONIQUE, avec étonnement.

Quoi donc, Mademoiselle ?

ARABELLE, avec impatience.

Eh bien ! la carte.

VÉRONIQUE.

On ne m'a rien remis.

M. DE SOL.

Vous êtes sûre, Véronique ? Réfléchissez, ma fille.

ARABELLE.

Comment, la dame n'a pas laissé... ?

VÉRONIQUE.

C'était pas une dame, c'était un Monsieur.

ARABELLE.

Un monsieur seul ?...

VÉRONIQUE.

Oh ! un Monsieur très bien ; j'ai eu regret de lui refuser l'entrée, d'autant plus qu'il faisait des insistances pour être reçu.

ARABELLE.

Qui cela peut-il être ?

M. DE SOL.

C'est ce que je me demande.

ARABELLE, à Véronique.

Voyons, tâchez de nous le décrire en peu. Comment était-il, Véronique ?

VÉRONIQUE.

C'était un jeune homme tout à fait comme il faut, avec un peigne sur l'oreille et un petit carton blanc à la main.

ARABELLE, avec désespoir.

O ciel ! mon coiffeur avec ma coiffure pour ce soir !...

M. DE SOL, à part.

Allons, bon, voilà la bévue !

ARABELLE, furieuse.

Malheureuse ! vous avez renvoyé mon coiffeur !

VÉRONIQUE, naïvement.

Ma fine ! J'ai cru que c'était encore un sous-préfet ; il était si bien.

ARABELLE, avec accablement.

Est-il possible, mon Dieu !

M. DE SOL, à Arabelle.

Voulez-vous qu'on coure après lui ?

VÉRONIQUE.

Oh ! il doit être bien loin à cette heure ; il avait l'air très pressé.

ARABELLE.

Je le crois facilement : toute la ville à coiffer pour ce soir ! Quand même on le rattraperait, ce qui est plus que douteux, car j'ignore dans quelle maison il devait se rendre après celle-ci, il ne consentirait jamais à revenir sur ses pas ; autant vaudrait essayer de faire remonter le courant de la rivière. (*A Véronique d'un ton de reproche.*) Ah ! Véronique, vous êtes impardonnable.

VÉRONIQUE.

Je suis bien fâchée, Mademoiselle ; le perruquier de chez vous, il n'est pas du tout comme celui-là, voyez-vous. (*A part.*) Je me sauve, c'est ce que j'ai de mieux à faire; on dirait que la demoiselle veut me manger. (*Elle sort.*)

SCÈNE IV

M. DE SOL, ARABELLE.

M. DE SOL.

Voyons, mon enfant, il faut vous faire une raison.

ARABELLE, navrée.

Ah! vraiment, je n'ai pas de chance.

M. DE SOL.

Le mal peut se réparer: j'ai remarqué que vous vous coiffiez bien mieux vous-même.

ARABELLE.

Et ma couronne!

M. DE SOL.

Il y a de magnifiques camélias fraîchement ouverts dans la serre; allez les cueillir pour les mettre dans vos cheveux.

ARABELLE.

C'est une idée!

M. DE SOL.

Rien ne sied mieux à une jeune personne que d'être coiffée en fleurs naturelles.

ARABELLE.

Vous croyez ?

M. DE SOL.

J'en suis sûr; allons, hâtez-vous de suivre mon conseil.

ARABELLE.

J'y consens, mais vous tiendrez votre promesse, mon oncle ?

M. DE SOL.

Quelle promesse ?

ARABELLE.

Ah ! ne feignez pas d'avoir déjà oublié vos engagements par rapport à Véronique.

M. DE SOL.

Quoi, vous voulez que je renvoie cette pauvre fille ?

ARABELLE.

N'en a-t-elle pas fait assez, grand Dieu ? Et que vous faut-il de plus pour vous convaincre de la nécessité de la rendre à ses dindons ?

M. DE SOL, en soupirant.

Il faudra bien en venir là, puisque vous le voulez et que j'ai promis.

ARABELLE.

J'y compte tout à fait. Je ne puis me résigner à être éternellement victime de cette fille.

M. DE SOL.

Bon, bon! Allez vous habiller ou vous ferez attendre ma sœur.

SCÈNE V

M. DE SOL, seul.

Allons, pauvre Véronique, il va falloir te sacrifier et te remplacer par quelque soubrette bien dégourdie qui n'aura pas tes solides vertus, mais dont les grâces sémillantes seront mieux appréciées de ma chère nièce. La Fontaine ferait une fable là-dessus ; et qui sait si, dans son riche recueil, je ne pourrais pas trouver une ingénieuse allégorie propre à faire réfléchir Arabelle, à l'engager à revenir sur la décision rigoureuse qu'elle a su arracher à ma faiblesse ? Il faut avouer que l'incident du coiffeur est arrivé bien mal à propos. (*Il feuillette son livre de La Fontaine.*) Je n'ai pas eu beaucoup de succès tantôt avec le coq et la perle. Je ne peux pas me dissimuler que mon moraliste préféré n'a guère d'influence sur ma charmante nièce ; c'est désolant, mais impossible de lui en faire goûter toutes les beautés. Ces jeunes personnes ont les oreilles ouvertes pour les frivolités et les niaiseries, mais quand il s'agit d'y faire entrer des idées raisonnables... (*S'interrompant et prêtant l'oreille.*) Quel est ce bruit ?... Un cri... des exclamations étouffées... Que se passe-t-il donc ?

SCÈNE VI

M. DE SOL, ARABELLE, VÉRONIQUE.

ARABELLE, très troublée.

Ah ! mon oncle, si vous saviez !... l'émotion m'empêche de parler.

M. DE SOL.

En effet, vous êtes toute bouleversée et pâle comme une feuille de papier. Auriez-vous eu quelque frayeur ?

VÉRONIQUE, à Arabelle.

Faut pas vous tourner les sens comme cela, Mademoiselle, vous pourriez vous rendre malade.

ARABELLE, avec effusion.

Ah ! ma pauvre Véronique ! c'est vous qui devriez être plus troublée que moi. Vous souffrez, sans doute ?

VÉRONIQUE.

Oh ! ce n'est rien, Mademoiselle.

M. DE SOL.

Mais, enfin, qu'est-il arrivé ? Expliquez-vous, ma nièce.

ARABELLE.

J'ai failli être brûlée vive, tout simplement.

M. DE SOL.

Vous me faites frémir.. mais, enfin, vous n'avez rien... Ah ! je vois un morceau de votre robe qui manque ; tout le devant est brûlé.

VÉRONIQUE.

Ça faisait une jolie flambée, allez ! Les flammes lui montaient jusqu'au menton.

M. DE SOL, à Arabelle.

Elles ne vous ont pas atteinte, au moins ?

ARABELLE.

Non, grâce à Dieu ! (*montrant Véronique*) et à son admirable dévoûment. (*Avec émotion.*) Ah ! ma pauvre Véronique, embrassez-moi ; vous m'avez sauvé la vie.

VÉRONIQUE.

Je veux bien, Mademoiselle. (*Elles s'embrassent.*)

ARABELLE.

Et moi qui vous ai tant brusquée !

VÉRONIQUE.

Ça ne fait rien, Mademoiselle ; je sais ce que c'est que de commander, allez ; j'ai bien souvent houspillé mes pauvres dindons.

ARABELLE.

Je suis sûre que vos mains sont fortement brûlées.

VÉRONIQUE.

Peu de chose. Oh ! ça ne m'ennuie que par rapport à l'ouvrage, qui va chômer un tantinet.

M. DE SOL.

N'importe, Véronique ; on prendra quelqu'un pour vous aider.

ARABELLE.

Je m'y mettrai moi-même et veux aussi vous soigner ; mais je ne sais ce qu'il faut faire.

M. DE SOL.

Il faut que Véronique aille plonger ses mains dans l'huile tout de suite.

VÉRONIQUE.

C'est bon, Monsieur, j'y vas de ce pas.

ARABELLE.

Je vous suis.

M. DE SOL.

Demeurez un moment, ma nièce; j'ai un mot à vous dire...

ARABELLE.

Oui, mon oncle. (*Véronique sort.*)

SCÈNE VII

M. DE SOL, ARABELLE.

M. DE SOL, à Arabelle.

Eh bien! avais-je raison et La Fontaine aussi? (*Il lit.*)

> Un jour un coq détourna
> Une perle qu'il donna
> Au beau premier lapidaire.
> Je la crois fine, dit-il;
> Mais le moindre grain de mil
> Serait bien mieux mon affaire.

> Un ignorant hérita
> D'un manuscrit qu'il porta
> Chez son voisin le libraire.
> Je crois, dit-il, qu'il est bon;
> Mais le moindre ducaton
> Serait bien mieux mon affaire.

Quant à la conclusion, je pense que vous l'avez trouvée maintenant; c'est la pauvre Véronique qui vous l'a fournie à ses dépens.

ARABELLE.

Mon oncle, je conviens de tout, et, si jamais j'étais injuste pour cette excellente fille qui m'a rendu un si grand service, je vous demande de me rappeler la fable du coq et de la perle.

FIN DU COQ ET LA PERLE.

LA SOUS-MAITRESSE

COMÉDIE EN TROIS ACTES

PERSONNAGES

Mᵐᵉ BROUILLARD, maîtresse de pension.
M. BROUILLARD, vieillard, mari de la précédente.
Mˡˡᵉ MARIE BERNARD, sous-maîtresse.
Mᵐᵉ BERNARD, mère de la précédente.
YOLANDE,
HENRIETTE,
ANTOINETTE,
STÉPHANIE,
PÉPITA, Havanaise,
CHARLOTTE, Hollandaise,
SUZANNE,
ROSE,
} élèves.

LA SOUS-MAITRESSE

COMÉDIE EN TROIS ACTES

ACTE PREMIER

SCÈNE I

La scène représente une classe; toutes les élèves sont à leurs places; la sous-maîtresse au milieu, devant un pupitre.

LA SOUS-MAITRESSE, YOLANDE, HENRIETTE, ANTOINETTE, STÉPHANIE, PÉPITA, CHARLOTTE, SUZANNE, ROSE.

LA SOUS-MAÎTRESSE.

Je viens de vous résumer le règne si important et si rempli de Philippe-le-Bel, ses longues luttes avec la papauté, puis son accord avec le pape Clément V, qui l'obligea à résider en France, d'abord à Bordeaux, sa ville natale, ensuite à Lyon, où le concile fut convoqué, puis à Avignon, dont le territoire appartenait alors au Saint-Siège, et enfin... Yolande, vous ne m'écoutez pas.

YOLANDE.

Qu'est-ce qui vous le prouve, Mademoiselle ?

LA SOUS-MAÎTRESSE.

Il ne vous convient pas de prendre la forme interrogative pour me répondre ; c'est à moi à vous interroger. Où mourut Clément V, je vous prie ? Si vous avez écouté ma leçon, comme vous le prétendez, vous devez le savoir.

YOLANDE, avec hésitation.

A Avignon ; je crois !

HENRIETTE, bas.

Non, à Carpentras.

YOLANDE, se reprenant.

Je veux dire à Carpentras.

LA SOUS-MAÎTRESSE.

Comme vous le dit Henriette, c'est, en effet, dans cette dernière ville ; mais il est interdit de souffler et votre trop officieuse amie devra copier cent vers pour avoir enfreint une défense que j'ai encore renouvelée hier.

HENRIETTE.

Volontiers, Mademoiselle ; le plaisir d'obliger une amie vaut bien un pensum.

LA SOUS-MAÎTRESSE.

Vous rendez un très mauvais service à cette amie en lui venant en aide de la sorte ; si vous l'aimiez, vous feriez mieux de lui conseiller de s'instruire.

YOLANDE.

La belle affaire, après tout ! Je me soucie bien que Clément V soit mort à Avignon ou à Carpentras, Je ne serai jamais institutrice.

LA SOUS-MAÎTRESSE.

Qu'en savez-vous ?

YOLANDE, d'un ton impertinent.

Je préférerais me faire femme de chambre.

LA SOUS-MAÎTRESSE, vivement.

Vous avez raison ; car vous auriez peut-être plus d'aptitudes pour ce dernier métier.

YOLANDE, à part.

Insolente ! (*Haut.*) Henriette, je vous conseille bien de ne pas écrire ce pensum. Vous êtes victime d'une injustice sans précédent.

HENRIETTE, à demi-voix.

Je le ferai pour vous, chère amie ; pas pour elle, assurément.

SUZANNE.

En effet, on ne nous a jamais traitées aussi sévèrement du temps de Mlle Boudet.

PÉPITA.

Moi, d'ailleurs, j'aimerais mieux être battue que de faire des devoirs en sus. Je ne travaillais jamais à la Havane.

LA SOUS-MAÎTRESSE.

Silence, Mesdemoiselles. Reprenons notre leçon.

YOLANDE.

Nous n'avons pas l'habitude d'être malmenées.

LA SOUS-MAÎTRESSE.

Je ne vous malmène pas ; je fais simplement mon devoir.

PLUSIEURS ÉLÈVES.

Il y a eu injustice !

STÉPHANIE.

Jamais on ne nous a punies pour une pareille vétille.

HENRIETTE.

Souffler un mot à une compagne n'est pas un crime.

SUZANNE.

On l'a toujours toléré.

YOLANDE.

C'est révoltant !

PLUSIEURS ÉLÈVES.

Oui, c'est révoltant.

YOLANDE, avec arrogance.

Punissez-nous toutes ou retirez la pénitence d'Henriette.

LA SOUS-MAÎTRESSE.

Je n'ai pas d'ordre à recevoir de vous.

YOLANDE.

Je suis plus coupable qu'elle.

SUZANNE.

Jamais cette bonne Mlle Boudet n'aurait agi de cette façon.

STÉPHANIE.

Certes, non !

YOLANDE.

Elle savait son métier et ne faisait pas d'injustices.

LA SOUS-MAÎTRESSE.

Assez, Mesdemoiselles, remettez-vous au travail.

YOLANDE.

Ne faites pas d'injustice.

LA SOUS-MAÎTRESSE.

Travaillez donc!

SUZANNE.

Ne faites pas d'injustice.

LA PETITE ROSE.

Ne faites pas d'injustice.

LA SOUS-MAÎTRESSE, avec impatience.

Travaillez, petite sotte, au lieu de répéter comme une perruche les phrases de vos compagnes, sans même savoir ce que vous dites.

LA PETITE ROSE, pleurant.

Elle m'a appelée perruche!

YOLANDE.

C'est intolérable.

HENRIETTE.

On nous injurie!

PÉPITA.

On nous accable de pensums!

YOLANDE.

A la fin, c'est révoltant.

PLUSIEURS ÉLÈVES.

Oui, c'est révoltant, odieux, impossible à supporter.

LA SOUS-MAÎTRESSE, avec effroi.

Ah! taisez-vous, méchantes enfants. Vous avez réveillé M. Brouillard, qui est malade, comme toujours, et je l'entends qui descend en frappant l'escalier de sa canne; que va dire Mme Brouillard? Hélas! elle m'avait chargée de faire la classe pour pouvoir soigner son mari.

YOLANDE, aux autres élèves.

Taisons-nous, Mesdemoiselles; gare à l'orage! Mettons-nous à l'abri d'un silence prudent, et laissons Mademoiselle sous la gouttière.

HENRIETTE.

Oui, oui, plus un mot.

~~~~~~

SCÈNE II

M. BROUILLARD, EN ROBE DE CHAMBRE ET EN BONNET DE COTON, Mme BROUILLARD, LES MÊMES.

Mme BROUILLARD, d'un ton suppliant.

Je t'en prie, Polycarpe.

M. BROUILLARD.

Non, Léocadie, non, Madame Brouillard; puisque vous ne savez pas faire respecter, par vos élèves, les courts instants de repos que m'accordent mes cruelles souffrances, qu'on me porte à l'hôpital, qu'on me porte à l'hôpital (*avec un accent solennel*), sur un brancard.

Mme BROUILLARD, d'un ton douloureux.

Sur un brancard! Vous entendez, Mesdemoiselles, il a dit : « Sur un brancard. » Ah! Polycarpe, tu me brises le cœur.

M. BROUILLARD, très digne.

Les militaires y vont bien, après tout, et j'ai été garde-national.

Mme BROUILLARD.

Polycarpe, épargne-moi !

M. BROUILLARD.

Non, Madame Brouillard, puisqu'il le faut, j'irai à l'hôpital.

Mme BROUILLARD.

Vous entendez, malheureuses enfants, il persiste à vouloir aller à l'hôpital.

LES ÉLÈVES, en chœur.

À l'hôpital, ô ciel! à l'hôpital!

M. BROUILLARD, d'un ton larmoyant.

Pauvre malade que je suis, on interrompt mon sommeil sans remords. Hi! hi! hi! infortuné valétudinaire!

Mme BROUILLARD.

Tu me vois au désespoir, mon ami. (*Se retournant vers la sous-maîtresse et changeant de ton.*) Après tout, Mademoiselle, c'est vous qui êtes responsable; vous qui avez tort de tolérer un pareil tapage et de ne pas rappeler mes élèves aux égards dus à un malade qui est mon époux.

LA SOUS-MAÎTRESSE.

Mon Dieu, Madame, je fais ce que je peux; mais ces demoiselles sont fort insubordonnées : je les trouve en révolte constante contre mon autorité.

Mme BROUILLARD, à demi-voix.

C'est que vous ne savez pas les prendre.

LA SOUS-MAÎTRESSE.

Madame, permettez-moi de vous raconter ce qui s'est passé et vous verrez vous-même...

Mme BROUILLARD.

Eh bien! expliquez-vous, Mademoiselle.

YOLANDE, à part.

Coupons court à l'explication. (*Haut.*) Pardon, Madame, nous demandons avant tout à remplir un devoir que nous dicte notre cœur, un devoir sacré.

Mme BROUILLARD, d'un ton radouci.

Allons, il faut laisser parler Yolande; son cœur l'inspire toujours bien.

YOLANDE, aux élèves, à part.

Attention, les camarades, et appuyez-moi avec conviction au bon moment. (*Haut.*) Madame, nous demandons à exprimer au respectable M. Brouillard tous nos regrets d'avoir troublé son précieux repos, ce repos gagné par tant de souffrances noblement supportées. (*Aux élèves.*) Appuyez-moi donc, je vais m'embrouiller !...

TOUTES LES ÉLÈVES ENSEMBLE.

Mille pardons, Monsieur Brouillard, respectable Monsieur Brouillard.

M. BROUILLARD, se bouchant les oreilles.

Aïe, mes pauvres oreilles.

Mme BROUILLARD, d'un ton conciliant.

C'est égal, mon ami, c'est gentil de leur part.

M. BROUILLARD.

Oui, mais elles crient trop fort; enfin, c'est gentil tout de même.

Mme BROUILLARD, avec attendrissement.

N'est-ce pas, chères enfants? Leur excellent naturel revient vite (*avec un regard du côté de la sous-maîtresse*) quand on ne l'aigrit pas maladroitement.

M. BROUILLARD.

J'aime surtout : « Ce repos gagné par tant de souffrances noblement supportées. » C'est une allusion délicate à mes douleurs coliquatives.

Mme BROUILLARD.

Et puis, c'est bien dit; on voit qu'elles ont du style.

ACTE I

M. BROUILLARD.

Léocadie, tu devrais leur donner congé pour la fin de la journée.

Mme BROUILLARD.

Mais, mon ami, tu veux donc que je les gâte; vraiment, je ne sais si je dois.

M. BROUILLARD.

En faveur de leur bon mouvement.

YOLANDE, à part.

Et de mon éloquence.

M. BROUILLARD.

Et puis, c'est jeudi.

YOLANDE, haut.

Ah ! ce pauvre monsieur Brouillard !

HENRIETTE.

Ah ! ce cher monsieur Brouillard !

Mme BROUILLARD.

Allons, accordé.

TOUTES LES ÉLÈVES, avec enthousiasme.

Vive monsieur Brouillard !

M. BROUILLARD, d'un ton plaintif.

Aïe, aïe ! ma tête. Vous dites : « Vive monsieur Brouillard ! » et vous m'assassinez par vos clameurs sauvages. Je me sauve, je me sauve. Léocadie, n'oublie pas de venir bientôt pour mon cataplasme.

Mme BROUILLARD.

Oui, mon très cher, c'est cela; regagne ton fauteuil, tandis que je vais dire quelques mots à ces demoiselles.

M. BROUILLARD.

Bien volontiers, je me sens d'une faiblesse, d'une faiblesse !

Mme BROUILLARD.

Pauvre chéri !

SCÈNE III

Les mêmes, moins M. Brouillard.

Mme BROUILLARD.

Mesdemoiselles, je ne m'en dédis pas ; vous aurez congé le reste du jour, et j'espère que vous l'emploierez à des jeux aussi tranquilles qu'innocents, et tout à fait de nature à ne point troubler le repos d'un malade. Je désire qu'on ne revienne pas sur les pénibles incidents qui ont amené cette affreuse scène, et je prie mademoiselle Bernard, si elle a cru devoir donner quelques punitions, de vouloir bien les lever pour cette fois seulement, et en considération de faits absolument exceptionnels.

LA SOUS-MAÎTRESSE, froidement.

Madame, il en sera comme vous voudrez, du moment que vous prenez la responsabilité de la mesure.

Mme BROUILLARD.

Mademoiselle, il y a vingt-cinq ans que j'enseigne, et je sais qu'il faut parfois de l'indulgence avec la jeunesse. Pour vous, mademoiselle Bernard, je vous autorise à aller vous délasser dans votre famille en préparant vos leçons pour demain. D'ailleurs, comme vous demeurez à côté, si votre présence devenait nécessaire, je vous ferais prévenir.

LA SOUS-MAÎTRESSE, froidement.

Bien, Madame.

Mme BROUILLARD.

Et c'est chose entendue, n'est-ce pas, vous consentez à faire grâce aux jeunes coupables ?

LA SOUS-MAÎTRESSE.

Mais, Madame, je vous ai dit...

YOLANDE, interrompant.

Merci bien, madame Brouillard.

HENRIETTE.

Mille grâces, madame Brouillard.

PLUSIEURS ÉLÈVES.

Merci, merci, madame Brouillard.

Mme BROUILLARD.

Vous serez bien raisonnables tout le reste du jour.

YOLANDE.

A rendre jaloux les huit sages de la Grèce.

LA SOUS-MAÎTRESSE.

Il n'y en avait que sept.

YOLANDE.

C'est bien assez, les gens trop sages sont si ennuyeux.

M. BROUILLARD, à la cantonade.

Léocadie, Léocadie, mon cataplasme !

Mme BROUILLARD.

J'y cours, mon ami, j'y vole. Mademoiselle Bernard, un mot.

LA SOUS-MAÎTRESSE.

Madame.

Mme BROUILLARD.

Sortons ensemble, je vous prie, j'ai besoin de vous parler.

M. BROUILLARD, à la cantonade.

Léocadie, Léocadie, je me meurs !

M⁽ᵐᵉ⁾ BROUILLARD, tranquillement.

Attends un peu, mon ami.

~~~~~~

SCÈNE IV

Les mêmes, moins les deux maîtresses.

YOLANDE, d'un ton important et mystérieux.

Chut ! chut ! chut ! chut ! Réunissez-vous toutes autour de moi, sans bruit, là, comme cela.

ANTOINETTE, froidement.

Qu'est-ce que ça signifie ?... Quelque farce, je parie ?... Laissez-moi lire, je vous prie.

HENRIETTE, avec enthousiasme.

Quelques farces ! Alors, j'en suis. Voyons Yolande, de quoi s'agit-il ?

STÉPHANIE.

Nous écoutons.

SUZANNE.

De toutes nos oreilles.

YOLANDE, toujours mystérieusement.

Silence ! mystère ! entente cordiale, alliance jurée !...

HENRIETTE.

Et puis, après ?...

CHARLOTTE, lentement.

Qu'est-ce que ça veut dire, tout ce discours ?

ACTE I

YOLANDE, à Charlotte.

Écoutez et vous comprendrez... peut-être !

CHARLOTTE, avec humeur.

Je comprends que vous voulez toujours insinuer que je suis une bête, parce que je n'ai pas votre vivacité française, mais les moulins chargés de grains tournent plus lentement que les moulins vides.

HENRIETTE.

Voici une comparaison bien hollandaise, ma chère ! Vos métaphores sont d'un terre à terre...

YOLANDE.

C'est tout simple, quand on est des Pays-Bas ! Mais à la question, à la question ! Veut-on m'écouter, oui ou non, quand je parle de choses sérieuses ?

HENRIETTE.

On vous écoute, mais ne faites pas trop attendre la péroraison de votre harangue.

YOLANDE.

Je reprends : silence, mystère, entente cordiale, alliance jurée, trêve aux guerres particulières, je proclame la guerre sainte, la croisade.

HENRIETTE.

Contre qui ?

YOLANDE.

Contre la nouvelle sous-maîtresse.

HENRIETTE.

Ça me va.

STÉPHANIE.

Moi aussi.

SUZANNE.

Moi de même.

PÉPITA.

J'en suis également, pourvu qu'on puisse faire la croisade sans bouger.

YOLANDE.

Voilà ce que j'appelle être dévouée à une cause !

HENRIETTE.

Est-elle paresseuse, au moins, cette créole !

PÉPITA.

Écoutez et soyez justes. Je me révolte contre Mlle Bernard, parce qu'elle me fait trop travailler ; si vous me faites travailler encore plus sous prétexte de guerre sainte ou de croisade ?

HENRIETTE, haussant les épaules.

Enfin continuez, Yolande, on en fera ce qu'on pourra. Quelle armée n'a pas ses traînards ?

YOLANDE.

Pitoyable ! Mais passons. Nous déclarons donc la guerre à Mlle Bernard. Nous la faisons enrager, ou nous lui opposons une résistance sourde, suivant les circonstances ; elle se fâche, la lutte s'envenime, Mme Brouillard intervient, M. Brouillard gémit sur le bruit infernal, sur ses cataplasmes refroidis ; notre zèle en revanche ne se refroidit pas, jusqu'au moment où nous nous serons débarrassées d'une surveillante incommode, grincheue, désagréable Qui sait même si nous ne pourrions obtenir par quelque détour heureux que Mlle Boudet nous fût rendue ? Elle était si aimable, si peu exigeante !

SUZANNE, joyeusement.

Voilà qui me ferait plaisir, moi qui l'aimais tant.

YOLANDE.

Je le crois facilement, vous étiez sa favorite. Vous serez donc des nôtres.

SUZANNE.

Bien volontiers.

STÉPHANIE.

Moi aussi.

CHARLOTTE, lourdement.

Je veux aussi en être, savez-vous.

YOLANDE, à Charlotte.

Mais il faudra tâcher de bien comprendre, Charlotte, car c'est un vrai complot et la moindre faute peut tout perdre.

ROSE.

Et moi donc, est-ce qu'on ne veut pas de moi?

YOLANDE.

Vous, petite! Les enfants ne doutent de rien.

ROSE, avec un profond ressentiment.

Elle m'a appelée perruche!...

YOLANDE, en riant.

Le fait est que ça crie vengeance! Eh bien! vous serez des nôtres, malgré votre jeune âge. Mais vous ferez tout ce qu'on vous dira sans raisonner.

ROSE.

Oui, oui, je vous le promets.

YOLANDE.

Et vous, Antoinette, êtes-vous tellement absorbée par

votre lecture, que vous n'ayiez rien entendu de notre conjuration.

ANTOINETTE

Ce serait peu probable.

YOLANDE.

Eh bien !

ANTOINETTE, avec fermeté.

Eh bien ! je refuse de m'associer à une guerre injuste contre une personne inoffensive.

HENRIETTE, avec indignation.

Inoffensive ! Une personne inoffensive, celle qui vous donne cent vers à copier pour une vétille !

PÉPITA, avec indignation.

Cent vers à copier ! Elle trouve que ce n'est rien.

STÉPHANIE.

Hier, Mlle Bernard m'a fait recommencer tout un devoir sous le vain prétexte qu'il était mal écrit.

ROSE, d'un ton concentré.

Elle m'a appelée perruche, la vilaine.

ANTOINETTE, ironiquement.

En voilà des griefs ! Celui de cette enfant est presque aussi raisonnable que les vôtres.

YOLANDE, avec dépit.

Libre à vous de les apprécier ainsi et de trouver bon qu'on nous opprime.

ANTOINETTE.

On ne vous opprime pas du tout.

YOLANDE, ironiquement.

Vous croyez ?

PÉPITA.

Ce n'est pas mon avis.

STÉPHANIE.

Ni le mien.

CHARLOTTE, lentement.

Elle n'est pas bien gentille pour nous, savez-vous.

HENRIETTE, avec vivacité.

Certes, non.

YOLANDE.

Et puis, ce que je ne saurais souffrir chez cette demoiselle, c'est son caractère, ses airs pincés, son ton aigre, et par-dessus tout le mystère dont elle s'entoure.

ANTOINETTE.

Quel mystère ? Je ne comprends pas ce que vous voulez dire.

YOLANDE.

Le nom qu'elle porte n'est pas le sien.

ANTOINETTE, ironiquement.

Allons donc !

HENRIETTE, avec vivacité.

Comment ! Vraiment ?

YOLANDE, avec importance.

Je puis vous le certifier, ou à peu près.

ANTOINETTE.

Sur quoi basez-vous cette étrange supposition ?

YOLANDE.

Je vais vous le dire en peu de mots. L'autre jour, en lui ramassant son mouchoir, j'ai vu distinctement un M et un R brodés au coin.

ANTOINETTE.

Vous avez pris sans doute le B pour un R; ces deux lettres se ressemblent beaucoup en majuscules.

YOLANDE.

Non, vous dis-je; c'était bien un R.

ANTOINETTE.

Ce mouchoir lui a probablement été prêté, ou sa blanchisseuse lui aura rendu un mouchoir qui ne lui appartenait pas; ce petit fait, si simple, se produit à chaque instant.

YOLANDE.

Soit. Mais m'expliquerez-vous aussi aisément pourquoi, dans les premiers temps, elle ne savait à qui on parlait quand on disait Mlle Bernard? Une fois, je l'ai appelée ainsi à deux reprises, et son trouble était visible, en me répondant à la fin.

ANTOINETTE.

Que nous importe après tout? Elle peut avoir des raisons dont nous ne sommes pas juges pour porter un autre nom que le sien.

YOLANDE.

Des raisons bonnes ou mauvaises, je n'en doute pas; en tout cas, ces choses-là sont suspectes; c'est peut-être une aventurière!...

ANTOINETTE.

Elle n'en a pas l'air, et puis Mme Brouillard doit avoir pris des renseignements sur son compte avant de lui confier une partie de notre éducation.

YOLANDE.

Mais on peut l'avoir trompée; du reste, Mlle Bernard nous déplaît et nous ne voulons pas l'avoir pour sous-maîtresse : c'est une chose décidée. N'est-il pas vrai, Mademoiselle ?

HENRIETTE.

Oui, oui, nous sommes d'accord.

STÉPHANIE.

Certainement !

SUZANNE.

Nous ne voulons plus d'elle.

YOLANDE, avec animation.

Et nous ferons tout notre possible pour nous en débarrasser. Refusez-vous, Antoinette, de vous associer au dessein de vos camarades ?

ANTOINETTE, froidement.

Je vous l'ai dit, absolument.

YOLANDE.

Et pourquoi ?

ANTOINETTE, d'un ton pénétré.

Yolande, je suis pauvre et je n'ai pas honte de l'avouer. Voilà pourquoi, sans doute, je comprends mieux que vous les difficultés matérielles de la vie et le tort sérieux que je ferais à quelqu'un en lui ôtant son gagne-pain.

YOLANDE, avec emportement.

Ne dirait-on pas que je veux réduire Mlle Bernard à mourir de faim ? Il y a d'autres pensions où elle peut gagner sa vie, d'autres places, d'autres emplois, qui lui conviendraient peut-être mieux et ne lui aigriraient pas autant le caractère. Elle n'a aucune vocation pour l'enseignement.

HENRIETTE.

C'est si vrai que j'ai entendu Mme Brouillard dire entre ses dents qu'elle ne savait pas nous prendre.

STÉPHANIE.

Je l'ai entendue aussi; je puis vous l'affirmer.

ANTOINETTE.

Cela prouve surtout que sa position est précaire ici, qu'elle peut la perdre aisément. Je ne veux pas y avoir contribué pour ma part, et qui sait, Yolande, si au fond de cette guerre d'enfants, de ce complot d'écolières, il n'y a pas beaucoup de larmes, de souffrances... et peut-être des remords pour vous?

YOLANDE, avec impatience.

Allez-vous continuer longtemps sous ce ton d'homélie et me faire de la morale à perte de vue, parce que je veux délivrer la pension d'une sous-maîtresse insupportable?

HENRIETTE.

Il n'y a pas moyen de rire et de s'amuser avec vous. Si mon frère Jean était ici, il dirait que vous êtes une gêneuse.

PÉPITA.

Oh! qu'il est joli, ce mot-là! Il n'a pas d'équivalent en espagnol; c'est bien cela, vous êtes une gêneuse, Antoinette.

ANTOINETTE.

Comme il vous plaira, Mesdemoiselles; mais je ne serai pas des vôtres et ne veux collaborer à aucun degré à une mauvaise action.

YOLANDE, d'un ton moqueur.

Vous êtes épique!

CHARLOTTE.

Qu'est-ce que ça veut dire ?

PÉPITA.

Je ne connais pas non plus cette expression.

YOLANDE, impatientée.

Ah ! laissez-moi ; vous m'interrompez toujours avec vos études de la langue française ; nous conspirons, nous ne sommes pas à la classe. Enfin, Antoinette, pouvons-nous compter au moins que vous ne nous trahirez pas ?

ANTOINETTE, froidement.

Vous pouvez y compter.

ROSE.

Tiens, qu'est-ce donc ? Un petit papier que je viens de trouver à la place de Mlle Bernard.

ANTOINETTE.

Donnez, mon enfant.

ROSE.

Ah ! je sais, c'est une lettre qu'elle tenait ce matin en entrant ici ; elle était si inquiète d'être en retard qu'elle ne l'a même pas regardée.

ANTOINETTE.

Donnez toujours ; oui, c'est une lettre.

YOLANDE.

Ah ! voyons ! l'adresse m'intrigue beaucoup.

ANTOINETTE, mettant la lettre dans sa poche.

J'en suis bien fâchée, mais vous n'en saurez rien.

YOLANDE, furieuse.

C'est trop fort.

HENRIETTE.

C'est de l'égoïsme !

STÉPHANIE.

De l'arbitraire !

YOLANDE.

Vous n'avez pas le droit de confisquer une découverte qui nous intéresse toutes.

HENRIETTE.

C'est la petite Rose qui a trouvé cette lettre ; rendez-la-lui, tout au moins.

ANTOINETTE.

Non, elle est en ma possession, et je la considère comme un dépôt dont je ne puis disposer.

YOLANDE.

Qu'en voulez-vous faire ?

ANTOINETTE.

La remettre à Mlle Bernard, tout simplement.

YOLANDE.

Comment, vous-même ?

ANTOINETTE.

Pourquoi pas, puisque je dois sortir avec la femme de charge pour aller voir ma marraine qui est malade ? La maison de Mlle Bernard se trouve justement sur mon chemin.

YOLANDE, résolument.

Oh ! mais, ça ne se passera pas ainsi ; il faut avant nous montrer cette adresse.

ANTOINETTE, avec fermeté.

Jamais !

ACTE I

YOLANDE.

Nous verrons bien. A moi, les amies, entourons-la.

STÉPHANIE.

C'est cela.

SUZANNE.

C'est cela.

HENRIETTE, d'un ton animé.

Il faut l'empêcher de se sauver.

ANTOINETTE cherche à s'échapper; on la poursuit, on l'entoure.

Laissez-moi.

HENRIETTE, même ton.

Pépita, barrez-lui le passage.

PÉPITA.

Oh! moi, je n'aime pas les bousculades.

CHARLOTTE.

Moi non plus.

YOLANDE.

Voyons, Antoinette, exécutez-vous de bonne grâce.

ANTOINETTE.

Vous ne comptez pas cependant employer la force.

YOLANDE.

C'est selon.

ROSE.

Que c'est amusant; on dirait que l'on joue à cache-cache.

YOLANDE.

Henriette, à la rescousse.

ANTOINETTE, exaspérée.

Ne me touchez pas, ou je crie au secours.

YOLANDE.

Vous n'oseriez pas. (*La poursuite recommence.*)

ANTOINETTE.

Je le ferai plutôt que de livrer cette lettre, ainsi prenez garde.

YOLANDE.

Ah bah ! Henriette, arrêtez-la.

HENRIETTE.

Stéphanie, Suzanne, aidez-moi. (*Une chaise est renversée avec bruit.*)

YOLANDE.

Nous la tenons.

ANTOINETTE.

C'est indigne !

M. BROUILLARD, à la cantonade.

Qu'entends-je, juste ciel ! on en veut à mes jours ! Quel bruit affreux ! Allons, Léocadie, descendons.

ANTOINETTE.

Lâchez-moi; monsieur Brouillard !

YOLANDE.

Grand Dieu ! écoutons.

M. BROUILLARD, à la cantonade.

Viens faire un exemple, ou je quitte la maison. J'exige, cette fois, que la plus coupable soit punie.

YOLANDE.

Miséricorde, fuyons.

HENRIETTE.

Sauve qui peut, sauve qui peut. (*Elles sortent toutes en courant.*)

SCÈNE V

Mme BROUILLARD, M. BROUILLARD.

Mme BROUILLARD.
Ne va pas si vite, Polycarpe.
M. BROUILLARD, furieux.
J'exige qu'elles soient punies!
Mme BROUILLARD.
Mon cher ami, j'en suis bien fâchée, mais, tu le vois, il n'y a personne.

FIN DU PREMIER ACTE.

ACTE II

SCÈNE I

La scène représente un intérieur pauvre.

Mᵐᵉ BERNARD, Mˡˡᵉ BERNARD.

La mère brode et la fille étudie.

Mᵐᵉ BERNARD.

Mon enfant, repose-toi.

Mˡˡᵉ BERNARD.

Je pourrais vous en dire autant, pauvre mère; vos yeux sont plus fatigués que les miens.

Mᵐᵉ BERNARD.

Mais toi, tu n'as pas à terminer un ouvrage pressé. La femme du percepteur tient à mettre ce col dimanche à son petit garçon. Je ne veux pas mécontenter mes rares pratiques. (*Elles se remettent toutes deux à travailler en silence.*)

Mˡˡᵉ BERNARD.

Maman...?

Mᵐᵉ BERNARD.

Mon enfant...?

Mˡˡᵉ BERNARD, avec inquiétude.

Est-ce que le marchand de bois est encore revenu ce matin?

Mme BERNARD.

Ne t'occupe pas de ces détails de ménage ; c'est ma part à moi, la tienne est déjà assez lourde.

Mlle BERNARD, avec angoisse.

Je préfère savoir toute la vérité. Ainsi il est revenu, et il a sans doute été grossier, puisque nous n'avons pu le payer.

Mme BERNARD.

Grossier, c'est beaucoup dire, mais les gens auxquels on doit de l'argent ne sont jamais aimables. J'attends de toucher le prix de mon col pour lui donner un petit à-compte.

Mlle BERNARD.

Et le terme du loyer, je le vois arriver en tremblant.

Mme BERNARD.

Hélas !

Mlle BERNARD.

Tous mes honoraires seront nécessaires pour le payer ; mais alors, comment vivrons-nous ?

Mme BERNARD.

Voilà le problème ! Je l'ai retourné dans tous les sens la nuit dernière sans parvenir à le résoudre.

Mlle BERNARD.

C'était donc pour cela que vous ne dormiez pas, pauvre mère ! Le tout est de pouvoir attendre le moment où nous aurons le bureau de tabac, car, enfin, on ne peut pas nous le refuser ! N'êtes-vous pas la veuve d'un officier supérieur ?

Mme BERNARD, tristement.

Oui, mais il y en a tant !

Mlle BERNARD, s'animant.

Vous avez des droits incontestables à cette mince faveur. A qui seraient donnés les bureaux de tabac, si ce n'est à des gens aussi malheureux que nous ?

Mme BERNARD.

On ne sait jamais si on est parmi les plus malheureux ; il y a tant de degrés dans l'infortune.

Mlle BERNARD.

Notre détresse est extrême !

Mme BERNARD.

Sans doute, mais enfin !

Mlle BERNARD, avec exaltation.

Oh ! ma mère, ne me dites pas que vous doutez de la solidité de cette planche de salut, ou je tombe dans le désespoir.

Mme BERNARD, avec douceur.

Enfant, enfant, tes élèves ont donc été bien indociles, aujourd'hui ?

Mlle BERNARD, douloureusement.

Elles me détestent et cherchent à me faire renvoyer.

Mme BERNARD.

La jeunesse n'aime pas les visages tristes, ma pauvre chérie.

Mlle BERNARD.

Ah ! les cruelles ! On dirait qu'elles veulent me pousser à bout. Il y a surtout Yolande, la nièce du préfet, qui est en pleine révolte contre moi.

Mme BERNARD.

Il faut rester forte et patiente, se confier à la bonté de Dieu, qui sait toujours nous mesurer l'épreuve.

Mlle BERNARD.

J'essaye, mais je n'ai pas votre courage, votre résignation. Quand nous avons perdu notre fortune, j'ai à peine souffert de ce coup; j'envisageai une vie de travail et de privations sans tristesse, que dis-je? je m'y préparai presque avec gaîté, et en effet, je ne me plains pas du travail, ni de l'absence du bien-être; sortir par tous les temps, rentrer dans ma chambre sans feu, être mal logée, mal nourrie, pauvrement vêtue, en vérité, si vous ne partagiez pas ces tristes conditions d'existence, je dédaignerais d'y penser; mais cette nécessité de dérober notre misère sous un nom d'emprunt, ces sollicitations réitérées pour obtenir une modeste place, ces discussions avec des créanciers impitoyables, et, par-dessus tout, les humiliations dont m'abreuvent les petites filles, que je suis chargée d'instruire pour un modique salaire; voilà le fardeau qui m'accable, voilà le fardeau qu'il me semble parfois que je ne puis porter plus loin. Pardon, ma mère, je sais combien je vous afflige, et c'est la première fois que je laisse ainsi mon cœur s'épancher, mais je n'ai pu le contenir. (*Elle pleure.*)

Mme BERNARD, avec bonté.

Pleure, mon enfant, soulage un instant ton cœur gonflé d'amertume, mais pour te relever après plus ferme et plus raisonnable.

Mlle BERNARD, après avoir pleuré un moment, s'essuyant vivement les yeux.

Oh! je suis lâche, et j'ai honte de ma faiblesse; je vous promets de ne pas me laisser aller une autre fois à un pareil découragement. J'ai vécu moins longtemps que vous dans l'aisance, il devrait m'être aisé de m'en déshabituer.

Mme BERNARD.

A ton âge, ma fille, on a les impressions plus vives et plus changeantes qu'au mien ; plus d'enthousiasme et moins de constance.

Mlle BERNARD.

Je comprends que votre indulgence me cherche des excuses que je ne mérite pas. Enfin, sans parler davantage de moi, je reviens à ces dettes criardes qui font notre principal tourment. Il est impossible de réduire davantage nos dépenses, mais ne pourrions-nous vendre quelque objet ?

Mme BERNARD.

J'y pensais ; malheureusement, nous possédons maintenant si peu de choses.

Mlle BERNARD.

Il y a la timbale d'argent que ma marraine m'a donnée à mon baptême.

Mme BERNARD.

J'aurais voulu la garder comme un souvenir d'une époque heureuse ;... cependant... Il y a aussi mon couvert d'argent, je puis fort bien me servir d'un couvert de fer ou d'étain.

Mlle BERNARD.

Oh ! ma mère, nos grossiers aliments vous paraîtront encore plus insipides.

Mme BERNARD.

Qu'importe, mon enfant ? J'aurai en revanche la satisfaction de ne pas voir apparaître à l'heure des repas la figure revêche du marchand de bois, cela vaut bien un léger sacrifice. Je ne trouve pas autre chose, j'ai beau chercher,... mais tu ne m'écoutes plus.

Mlle BERNARD.

Pardon, ma mère; mais, en remettant le mouchoir dans ma poche, le souvenir m'est revenu d'une lettre que le facteur m'a donnée ce matin sur le seuil de la maison de Mme Brouillard. J'étais en retard; les élèves, peut-être pour me mettre en défaut, avaient déjà pris leurs places; je n'eus que le temps de cacher précipitamment ma lettre dans ma poche et de commencer la récitation avant l'arrivée de Mme Brouillard, qui assiste, en général, à la classe du matin, or, je ne retrouve plus cette lettre.

Mme BERNARD.

Ne t'inquiète pas, ce ne peut être qu'une lettre de ma cousine d'Auxerre... rien d'important. La réponse pour le bureau de tabac ne doit arriver que dans quelques jours.

Mlle BERNARD.

Oui; mais vous oubliez que notre nom se trouve sur l'adresse. (*On sonne.*) Avez-vous entendu? N'a-t-on pas sonné chez nous?

Mme BERNARD.

En effet... qui peut venir nous voir?

Mlle BERNARD, *avec inquiétude.*

Si c'était le marchand de bois... dans le doute, n'ouvrons pas, on croira que nous sommes sorties.

Mme BERNARD.

Oh! mon enfant, ce ne serait pas raisonnable. (*On sonne encore.*) Va ouvrir, Marie.

Mlle BERNARD.

Puisque vous le voulez... (*Elle ouvre la porte; à part.*) Non, Dieu! pourvu que ce ne soit pas cet homme!

SCÈNE II

Les mêmes, ANTOINETTE.

ANTOINETTE.

Bonjour, Mademoiselle.

Mlle BERNARD.

Quoi, c'est vous, Mademoiselle Antoinette?

ANTOINETTE.

Oui, c'est moi; j'avais besoin de vous parler pour une petite affaire. Mme Brouillard m'a autorisée à m'arrêter chez vous, et la femme de charge qui m'accompagne est en bas dans la boutique de l'épicier.

Mlle BERNARD.

Ah! fort bien. (*Présentant Antoinette à Mme Bernard.*) Ma mère, Mlle Antoinette Gordon, ma meilleure élève.

ANTOINETTE.

Vous êtes trop aimable, Mademoiselle Bernard. Madame, pardonnez-moi de me présenter ainsi chez vous sans votre permission.

Mme BERNARD.

Mademoiselle, vous êtes la bienvenue; veuillez vous asseoir.

ANTOINETTE.

Oh! je ne puis rester qu'un instant.

Mme BERNARD.

Je le regrette.

ACTE II

ANTOINETTE.

Voici ce qui m'amène, Mademoiselle; n'avez-vous pas perdu quelque chose ce matin?

Mlle BERNARD.

Une lettre que je venais de recevoir; je m'en suis aperçue un moment avant votre arrivée ici. Et vous l'avez trouvée, Mademoiselle Antoinette?

ANTOINETTE.

Pas moi, la petite Rose.

Mlle BERNARD, avec inquiétude.

La petite Rose a lu l'adresse, sans doute?

ANTOINETTE.

Non, Mademoiselle, elle n'en a pas eu le temps.

Mlle BERNARD, du même ton.

Ces demoiselles l'ont prévenue alors?

ANTOINETTE.

Non, Mademoiselle; je me suis emparée de la lettre à l'instant et l'ai mise, non sans quelque peine, je l'avoue, à l'abri de la curiosité de mes compagnes qui voulaient me l'enlever.

Mlle BERNARD.

Je vous en remercie sincèrement.

Mme BERNARD.

Vous nous avez rendu service.

ANTOINETTE.

Hélas! pas autant que je l'aurais désiré.

Mlle BERNARD.

Expliquez-vous, de grâce.

ANTOINETTE.

D'abord, je dois vous avouer à ma confusion que je me suis rendue coupable d'une indiscrétion involontaire. Le nom qui se trouvait sur l'adresse de la lettre a frappé malgré moi mes yeux, et je sais que c'est à Mme et à Mlle de Rochegune que j'ai l'honneur de parler.

Mme BERNARD.

Le mal n'est pas bien grand si vous voulez nous aider à garder un incognito auquel nous tenons beaucoup.

ANTOINETTE.

Je l'avais deviné, et j'étais parvenue à soustraire la lettre à l'indiscrétion des élèves; malheureusement, la lutte et le tumulte qui ont suivi n'ont pas manqué d'attirer l'attention de Mme Brouillard et le courroux de son mari. Nous nous sommes toutes sauvées, et Mme Brouillard s'est bien gardée de nous poursuivre malgré les récriminations de M. Brouillard. Mais, s'étant fait expliquer un peu plus tard ce qui avait eu lieu, elle a connu ainsi l'existence de la lettre, qu'on a eu bien soin de lui révéler, et comme j'allais vous l'apporter, elle m'a sommé de la lui remettre d'une manière si impérieuse qu'il a bien fallu obéir.

Mlle BERNARD.

Alors, la lettre est dans ses mains?

ANTOINETTE.

Pardon; après avoir examiné l'adresse, elle m'a dit tranquillement : « Maintenant que j'ai mis ma responsabilité à couvert, en constatant que cet écrit n'est pas adressé à une de mes élèves, vous pouvez la remettre à qui de droit. »

ACTE II   149

Mlle BERNARD.

Vous entendez, ma mère.

Mme BERNARD.

Que veux-tu, mon enfant ?

Mlle BERNARD.

Je suis très contrariée de l'incident. Fatale étourderie ! J'aurais dû faire plus attention.

ANTOINETTE.

J'ai voulu au moins que vous sussiez par quel intermédiaire cette lettre était passée.

Mlle BERNARD.

En effet, ce détail était très important pour nous. Encore une fois, merci d'avoir si généreusement défendu notre secret.

ANTOINETTE.

J'aurais voulu faire mieux, et le sauvegarder entièrement.

Mme BERNARD.

Vous avez fait tout ce qui était possible ; merci pour moi aussi, Mademoiselle.

ANTOINETTE.

Il ne me reste plus maintenant qu'à prendre congé de vous ; car la femme de charge, qui a sans doute terminé ses achats depuis longtemps, doit fort s'impatienter.

Mme BERNARD.

Adieu, Mademoiselle ; je n'ose pas vous retenir davantage malgré le plaisir que nous donne votre présence.

Mlle BERNARD.

Au revoir, à demain.

ANTOINETTE.

A demain. (*Elle sort.*)

SCÈNE III

Mme BERNARD, Mlle BERNARD.

Mlle BERNARD.

Voilà une mauvaise affaire, ma mère.

Mme BERNARD.

Oui, d'un côté; mais de l'autre, elle te révèle chez une de tes élèves une sympathie affectueuse à laquelle tu étais loin de t'attendre et qui peut t'en attirer d'autres.

Mlle BERNARD.

J'en suis touchée, mais là s'arrêteront mes conquêtes, je le crains. Antoinette n'a pas d'influence sur ses compagnes, et comme elle va avoir dix-huit ans, elle doit quitter la pension aux vacances prochaines pour n'y plus revenir. C'est Yolande Marcoin, la nièce du préfet, une élève intelligente, mais paresseuse, visiblement la favorite de Mme Brouillard, qui règne sur ce petit monde; et elle est ma pire ennemie.

Mme BERNARD.

Elle peut cesser de l'être; les enfants ont des impressions changeantes que le moindre évènement peut parfois modifier.

Mlle BERNARD.

Je ne l'espère pas beaucoup, chère maman.

Mme BERNARD.

Enfin, laissons cela, et lis-moi donc cette lettre, chère fille; mon col est terminé et mes yeux ont besoin de se reposer. Prends la lumière.

Mlle BERNARD.

Oui, ma mère. D'abord, ce n'est pas l'écriture de votre cousine, j'en suis sûre. (*On sonne.*) Comment, encore une fois; pour le coup, c'est un créancier.

Mme BERNARD.

Non, Marie; ce doit être Mme Brouillard qui vient te demander l'explication de notre incognito.

Mlle BERNARD.

Vous croyez... déjà!... Ah! mon Dieu! (*Elle va ouvrir la porte.*)

SCÈNE IV

Les mêmes, Mme BROUILLARD.

Mme BROUILLARD, d'un air mécontent et solennel.

Madame, et Mademoiselle de Rochegune, j'ai l'honneur de vous saluer.

Mme BERNARD, avec aisance.

Veuillez vous asseoir, Madame. Comment se porte Monsieur votre mari?

Mme BROUILLARD.

Comme à son ordinaire (*appuyant sur le nom*), Madame de Rochegune, c'est-à-dire tout doucement.

Mme BERNARD.

Le mauvais temps que nous avons depuis quelques jours doit augmenter ses maux.

Mme BROUILLARD.

Peut-être bien (*appuyant toujours sur le nom*), Madame de Rochegune; mais vous m'excuserez de rompre l'entretien; quoique la santé de mon cher époux soit certainement le premier intérêt de ma vie, ce n'est pas pour vous parler de lui que je suis ici aujourd'hui.

Mme BERNARD.

Veuillez donc, Madame, nous expliquer le but de votre visite; nous sommes toutes prêtes à vous écouter.

Mme BROUILLARD.

A vrai dire, Madame, ce motif concerne plus particulièrement Mademoiselle votre fille.

Mme BERNARD.

N'importe; tout ce qui touche ma fille me touche aussi.

Mlle BERNARD.

Assurément; voyons, Madame, nous écoutons.

Mme BROUILLARD.

Eh bien! mademoiselle, je suis justement blessée du peu de confiance que vous m'avez témoigné, et du tort que vous faites à mon établissement.

Mlle BERNARD.

Et comment, Madame ? Je ne comprends pas.

Mme BROUILLARD.

N'êtes-vous pas entrée chez moi sous un nom supposé ?

Mlle BERNARD.

Madame, des raisons de famille m'ont obligée à cacher mon nom véritable, mais je regrette que vous y ayez vu un manque de confiance ; j'ignorais, du reste, si les personnes qui m'ont recommandée à votre bienveillance ne vous avaient pas secrètement instruite de tout ce qui me concerne.

Mme BROUILLARD.

Assurément non, Mademoiselle, car si j'avais su que vous étiez Mlle de Rochegune, je vous aurais priée de conserver votre nom dans un emploi qui, pour être modeste, n'en est pas moins parfaitement honorable.

Mme BERNARD.

Parfaitement honorable, Madame, sans cela ma fille ne l'aurait pas sollicité ; mais son savoir seul est nécessaire pour le bien remplir, il me semble, et je ne vois pas ce que son véritable nom eût pu ajouter à cette sorte de mérite.

Mme BROUILLARD.

Permettez-moi de vous dire, Madame, que je suis plus compétente que vous en ce genre de matières ; or, je prétends que le nom d'un professeur peut ajouter, sinon à la valeur de son enseignement, du moins au prestige de sa personne, et à la prospérité d'un établissement. Souvent même, les parents sont plus frappés de ces avantages-là que d'un degré d'instruction dont ils ne peuvent juger.

Mme BERNARD.

Je le regrette pour eux ; en se mettant à un pareil

point de vue, ils ne prouvent pas en faveur de leurs lumières.

Mme BROUILLARD.

Il faut compter avec les préjugés, et je maintiens, moi, que Mlle de Rochegune fait tort à mon établissement en prenant un nom supposé pour enseigner, quand le sien est avantageusement connu dans le pays.

Mlle BERNARD, avec raideur.

J'en suis bien fâchée, Madame, mais le nom de Rochegune ne servira pas de réclame.

Mme BROUILLARD, avec aigreur.

De réclame ! Prenez-vous donc mon pensionnat pour une boutique ?

Mme BERNARD, avec douceur.

Cette pensée n'est pas la nôtre, Madame, et je vous prie de ne pas mal interpréter les paroles de ma fille ; je vous l'ai dit tout à l'heure, des raisons de famille nous obligent à jeter, comme un voile sur notre pauvreté, l'incognito qui vous choque.

Mme BROUILLARD.

A merveille, Madame. Vous êtes libre, parfaitement libre, et je ne disposerai pas d'un secret qui ne m'appartient pas ; je sais trop ce qu'on doit à la délicatesse et aux convenances ; mais, puisque Mlle Bernard veut rester Mlle Bernard tout court, je lui ferai observer qu'il est à désirer (*en appuyant sur les mots*) que ses rapports avec ses élèves s'améliorent un peu, et que cette guerre bruyante, bien faite pour ajouter aux souffrances de mon pauvre mari, prenne fin bientôt.

Mlle BERNARD.

Je ferai mon possible, Madame, pour qu'il en soit

ainsi, mais je vous prie de considérer le peu de temps que ces demoiselles ont eu pour s'accoutumer à moi, et oublier un professeur auquel elles étaient attachées.

Mme BROUILLARD.

Enfin, nous verrons comment tout cela s'arrangera.

Mme BERNARD.

Ma fille fera tous ses efforts pour que ce soit le mieux et le plus vite possible; elle a un grand désir de se concilier ses élèves et de vous complaire, Madame.

Mme BROUILLARD, sèchement.

Excepté en reprenant son nom pour faire honneur à mon pensionnat.

Mlle BERNARD.

Excusez-moi, Madame, je ne le puis.

Mme BROUILLARD.

C'est votre dernier mot? Fort bien! Je vous salue, Madame, et vous aussi, Mademoiselle.

Mme BERNARD.

Ma fille, accompagne Madame.

Mme BROUILLARD.

Je vous en prie, ne vous dérangez pas. (*Elle sort, accompagnée de Mlle Bernard.*)

SCÈNE V

Mme BERNARD

Mme BERNARD, seule.

Encore un orage qui grossit de ce côté-là. Pauvre enfant, pauvre enfant! Elle lutte courageusement; mais sa nature impressionnable et fière la rend bien peu apte à cette vie-là. Que ne puis-je prendre pour moi seule toutes ces épreuves ! Hélas ! elles me sembleraient mille fois moins dures à supporter.

SCÈNE VI

Mme BERNARD, Mlle BERNARD.

Mlle BERNARD.

Ah ! mère, que cette femme a été odieuse !

Mme BERNARD.

C'est une âme vulgaire, dominée par l'intérêt.

Mlle BERNARD.

Son ton à la fin était devenu tout à fait menaçant. Elle semblait me mettre le marché à la main.

Mme BERNARD.

Elle en avait bien envie, au moins ; mais quelque motif secret la retenait, et peut la retenir toujours.

Mlle BERNARD.

Ce motif n'est pas un mystère pour moi ; Mlle Boudet s'est retirée parce qu'elle trouvait ses appointements trop minimes.

Mme BERNARD.

Voilà qui est rassurant ; la place n'étant pas bonne, tu as moins à craindre une compétition.

Mlle BERNARD.

Il est vrai, maman. Vous savez toujours trouver le côté consolant les choses.

Mme BERNARD.

En revanche, tu t'attristes trop vite et trop facilement. Tu penses sans cesse à l'avenir, qui contient une si grande part d'incertitude, soit en bien, soit en mal.

Mlle BERNARD.

Vous avez raison; je vois tout au pire, pour mon malheur et le vôtre, car j'ajoute à vos tourments, je ne puis me le dissimuler.

Mme BERNARD.

Que cette pensée ne te trouble pas trop, chère fille; le bon Dieu m'a accordé, dans sa miséricorde, un bien inappréciable, la résignation.

Mlle BERNARD.

C'est une grande vertu.

Mme BERNARD.

C'est au moins une grande force; allons, ne songe plus aux menaces de l'avenir, et lis-moi cette lettre, cause innocente de nos dissentiments avec Mme Brouillard... Où l'as-tu mise?

Mlle BERNARD.

Je l'ai serrée dans le tiroir, en entendant sonner; tenez, la voilà.

Mme BERNARD.

Lis tout de suite, de peur d'une nouvelle interruption. Elle n'est donc pas de ma cousine?

Mlle BERNARD.

Non, car elle a été mise à la poste dans le département.

Mme BERNARD, avec inquiétude.

Comment, comment ! Je n'attendais rien de Nevers, ou du moins... Lis vite, lis tout haut.

Mlle BERNARD.

Madame,

J'ai le vif regret de vous annoncer qu'un concurrent, ayant sinon plus de titres, du moins de plus puissantes protections, s'est présenté pour vous disputer le bureau de tabac que vous sollicitez. Cela étant, je considère vos chances comme à peu près nulles, ou tout au moins le succès de nos démarches comme indéfiniment ajourné, et je vous engage à tourner vos efforts vers un but moins problématique (*elle répète machinalement*), vers un but moins problématique.

Mme BERNARD.

Donne. (*Elle relit tout bas la lettre,* Mlle *Bernard reste attérée.*) Évidemment, c'est une affaire manquée. Hélas ! il y a une si grande concurrence pour ces places-là, d'autant que les préfets ne disposent que des bureaux au-dessous de mille francs, tu le sais. Enfin, que la volonté de Dieu soit faite ! Mais parle donc, Marie, ne reste pas ainsi silencieuse et attérée ; voyons, je t'en prie, répète avec moi : que la volonté de Dieu soit faite !

Mlle BERNARD, parlant avec effort.

Je ne peux pas, maman. (*Elle pleure, sa mère s'approche d'elle pour la consoler, la toile tombe.*)

FIN DU DEUXIÈME ACTE.

ACTE III

—

SCÈNE I

Même décor qu'au premier acte.

M. BROUILLARD, Mme BROUILLARD.

M. BROUILLARD.

Léocadie, je te le dis avec peine ; depuis que cette nouvelle sous-maîtresse est dans la maison, je trouve que le voisinage de tes pensionnaires est devenu inhabitable. Elle a peut-être l'art de les instruire, mais elle n'a pas celui, bien préférable à mon gré, de les faire tenir tranquilles. Que n'as-tu gardé Mlle Boudet ?

Mme BROUILLARD, avec aigreur.

Tu en parles à ton aise ; cette pimbêche me demandait cent francs d'augmentation.

M. BROUILLARD.

Ça valait bien cette différence ; il s'agissait de mon repos et tu as marchandé.

Mme BROUILLARD, avec humeur.

Allons donc, si je comptais comme toi, il n'y aurait pas seulement de quoi payer ton médecin et ton apothicaire.

M. BROUILLARD.

Par exemple !

Mme BROUILLARD.

Si tu doutes, écoute un peu le relevé de ton dernier compte chez le pharmacien de la grande rue (*Elle lit*) : « Trois livres de graines de lin, six boîtes de jujube, quatre rouleaux de sirop de gomme, une *idem* de sirop de capillaire, cinquante grammes d'huile de ricin, trois bouteilles de limonade Roger, deux emplâtres...

M. BROUILLARD, avec dignité.

Assez, Madame Brouillard ; je crois deviner que vous me reprochez les remèdes pénibles, car il en est plusieurs de très pénibles parmi ceux dont vous faites l'énumération, à l'aide desquels je cherche à soulager mes souffrances. Il suffit, vous dis-je ; je ne me soignerai plus, à l'avenir, qu'avec de l'eau claire et des boulettes de mie de pain, qui auront l'avantage de ne vous rien coûter.

Mme BROUILLARD.

Tu ne t'en trouverais peut-être pas plus mal, mon ami, mais loin de moi la pensée de t'engager à te priver des moindres choses ; tu méconnais mon cœur, Polycarpe, tu le méconnais cruellement, et tu récompenses mal le dévoûment avec lequel je te soigne depuis tant d'années.

M. BROUILLARD, toujours très digne.

Soit, Madame ; je suis non seulement un dissipateur, mais encore un ingrat.

Mme BROUILLARD, d'un ton insinuant.

As-tu oublié tous les cataplasmes, les jus d'herbe, les tisanes, que je t'ai préparés de mes propres mains ?

M. BROUILLARD, à part.

Je sens mon cœur s'attendrir ; tâchons de rester digne.

Mme BROUILLARD, même ton.

Et ces consommés, ces consommés délicieux, avec lesquels je soutenais tes convalescences?

M. BROUILLARD, avec effusion.

Ah! je cède à cet irrésistible souvenir; Léocadie, je te pardonne en faveur des consommés.

Mme BROUILLARD.

Je retrouve mon époux; mais c'est égal, voilà la seconde fois qu'à propos de cette malheureuse sous-maîtresse nous avons des mots ensemble, Polycarpe.

M. BROUILLARD.

Je le crois bien; grâce à elle, j'ai depuis quelques jours le système nerveux dans un état affreux.

Mme BROUILLARD.

Patience, mon ami, patience, tout cela s'arrangera. Laisse-moi seulement le temps d'en trouver une qui me convienne mieux et ne me coûte pas davantage.

M. BROUILLARD, avec joie.

Je comprends, et alors tu la renverras?

Mme BROUILLARD.

Bien entendu. Une personne qui a traité mon pensionnat comme une boutique! Elle me la revaudra, son histoire de réclame. Je l'avais prise parce qu'on me disait qu'elle était fort à plaindre.

M. BROUILLARD, sentencieusement.

Apprenez, Madame Brouillard, que les gens qui se portent bien ne sont jamais à plaindre. Je trouve mauvais que, devant moi, pauvre valétudinaire, on s'apitoye sur eux; mais qu'as-tu donc découvert sur Mlle Bernard qui t'a si fort contrariée?

Mme BROUILLARD.

Qu'elle était ici sous un nom d'emprunt, alors que son véritable nom ferait si bien sur mes prospectus.

M. BROUILLARD.

Quel est donc son véritable nom ?

Mme BROUILLARD.

Rochegune. Elle est Mlle de Rochegune.

M. BROUILLARD.

Pas possible ; tu as pour sous-maîtresse la fille du comte de Rochegune, qui avait ce grand château à quinze lieues d'ici : voilà une famille bien tombée !

Mme BROUILLARD

Bien tombée, tu as raison ; mais les noms, ça reste, et tu comprends que je pouvais tirer un certain avantage du sien.

M. BROUILLARD.

C'est-à-dire qu'elle t'a volée ; à ta place, je ne le souffrirais pas, Léocadie, d'autant plus que tes élèves sont insupportables depuis qu'elle est ici.

Mme BROUILLARD.

Oui, oui, je te vois venir ; tu ne penses qu'à ta tranquillité. Je te le répète, il te faut patienter encore, mon ami ; pas beaucoup du reste, car j'attends aujourd'hui même une réponse d'une de mes anciennes amies, qui doit me recommander une sous-maîtresse ; si sa protégée me convient, je congédie immédiatement Mlle Bernard ; là, es-tu content ?

M. BROUILLARD.

Oui, Léocadie, autant qu'un pauvre malade peut être content ; mais remontons donc dans ma chambre ; le facteur doit être venu, et tu trouveras peut-être la lettre que tu attends avec mes journaux.

Mme BROUILLARD.

Cela se peut, mais je te prie de me précéder, cher ami, car il faut que je mette ces demoiselles au travail; il est midi sonné.

M. BROUILLARD.

C'est bon, c'est bon. Laisse-moi partir d'abord, je n'aime pas à les voir tourbillonner autour de moi; je vais prendre ma tisane de douce amère en lisant mon journal. J'ai remarqué que les tisanes prises, gorgée par gorgée, faisaient plus d'effet, tandis que...

Mme BROUILLARD, l'interrompant.

Va donc, Polycarpe.

M. BROUILLARD.

Ne te fâche pas, je m'en vais, je m'en vais.

SCÈNE II

Mme BROUILLARD,
Elle ouvre la porte du jardin et appelle les élèves, qui arrivent aussitôt;
YOLANDE, HENRIETTE, PÉPITA, STÉPHANIE, CHARLOTTE, SUZANNE, ROSE.

Mme BROUILLARD.

Venez, Mesdemoiselles, la récréation est finie.

YOLANDE.

Nous avons entendu sonner midi, et nous arrivons, Madame.

Mme BROUILLARD.

Fort bien. J'aime cet empressement à se mettre au travail. Prenez vos places, et repassez attentivement la leçon du jour. Mlle Bernard sera ici dans quelques minutes.

HENRIETTE.

Oui, Madame.

~~~~~~

SCÈNE III

Les mêmes, moins Mme Brouillard.

YOLANDE.

Elle est partie. Ouf! Tout est bien convenu, n'est-ce pas ? Toutes les conjurées connaissent le plan de notre conspiration ?

HENRIETTE.

Répétez, Yolande, ce qu'il faudra faire; c'est plus prudent. Il y en a toujours qui n'écoutent pas ou qui oublient facilement.

YOLANDE.

Eh bien! je répète; attention : quand Mlle Bernard entre, silence complet; personne ne répond à son bonjour; vous avez saisi, petite Rose? N'allez pas faire de bévues, au moins.

ROSE.

Soyez tranquille.

YOLANDE.

A peine a-t-elle commencé sa leçon, des cris imitant divers animaux s'élèvent de tous côtés.

HENRIETTE, avec enthousiasme.

Ce sera magnifique. Je la vois d'ici, ne sachant où elle en est.

YOLANDE.

L'ennemi se fâche; soudain une accalmie se produit,

moment de silence; elle croit avoir vaincu et reprend son discours; aussitôt chacune de nous entonne une chanson différente.

HENRIETTE.

L'effet sera prodigieux.

ROSE, battant des mains.

Oh! que ce sera drôle, que ce sera drôle!

SUZANNE, avec inquiétude.

Mais ça ne se fait pas, ces choses-là.

YOLANDE.

Qui veut la fin veut les moyens. Il n'y a qu'une esclandre qui puisse nous débarrasser de la sous-maîtresse.

PÉPITA.

Esclandre, qu'est-ce que cela veut dire?

YOLANDE.

Je vous l'expliquerai une autre fois. Mais il ne faut rien négliger. Chacune de vous sait-elle une chanson?

HENRIETTE.

Moi, j'en sais beaucoup; mais j'ai choisi *Bon voyage, M. du Mollet*, comme étant bien en situation.

PÉPITA.

Moi, je ne connais que des chansons espagnoles.

YOLANDE.

Eh bien! c'est à merveille; vous en chanterez une, n'importe laquelle.

CHARLOTTE.

Moi, je ne connais pas de chansons, mais je me souviens d'une romance française que chantait ma tante et qui commençait comme cela : « *Fleuve du Tage, je suis tes bords heureux.* »

YOLANDE.

Fort bien! Et vous, petite Rose?

ROSE.

Je chanterai : « *Papa, les petits bateaux qui vont sur l'eau ont-ils des jambes?* »

YOLANDE.

Rien de mieux; cet air naïf convient à votre âge. Et vous, Suzanne, que chanterez-vous?

SUZANNE.

En vérité, moi, je ne sais rien; et puis, je n'oserai jamais.

YOLANDE.

Allons donc; vous taire serait de la haute trahison.

HENRIETTE.

Assurément.

SUZANNE.

Que voulez-vous que je chante?

YOLANDE.

N'importe quoi : « *J'ai du bon tabac.* »

SUZANNE.

Va pour : « *J'ai du bon tabac;* » mais je préférerais ne pas me mêler du tout de cette affaire.

YOLANDE.

Il ne s'agit pas de cela; vous êtes entrée volontairement dans le complot, vous vous êtes plainte comme les autres de la nouvelle sous-maîtresse et de ses exigences, maintenant, il faut marcher.

SUZANNE.

Enfin, puisque je me suis engagée, j'irai jusqu'au bout.

YOLANDE.

Et vous, Stéphanie, quel air choisissez-vous?

STÉPHANIE.

Mon Dieu, vous savez comme j'ai la voix fausse.

YOLANDE.

Il n'y pas d'inconvénients pour un concert de ce genre.

STÉPHANIE.

Alors, puisque vous tenez à ce que je fasse ma partie, je chanterai : « *Marlborough s'en va-t-en guerre;* » c'est encore ce que je sais le mieux.

HENRIETTE.

Quel admirable chef de conjuration vous faites, Yolande! Vous n'oubliez aucun détail. Je suis sûre que du temps de la Fronde, vous auriez été une héroïne.

YOLANDE.

Vous me flattez, ma chère, mais taisons-nous; Mlle Antoinette sort du sein de sa solitude. Il vaut mieux ne pas dérouler nos plans devant elle. Surtout que chacun se souvienne qu'elle est en quarantaine, et qu'on ne doit pas lui adresser la parole.

HENRIETTE.

Tenez bien votre langue, petite Rose, et n'allez pas lui demander du chocolat.

ROSE.

Même par signes?

HENRIETTE.

Même par signes; il faut de la discipline.

ROSE.

C'est bien ennuyeux ; moi, j'aime les pastilles.

HENRIETTE.

Tant pis ; on doit savoir se sacrifier à la cause qu'on défend, petite fille.

SCÈNE IV

Les mêmes, ANTOINETTE.

ANTOINETTE.

Bon, j'interromps toutes les conversations, ou pour mieux dire tous les complots.

YOLANDE.

Que vous importe ? Personne ne vous interpelle ; pourquoi vous adresser à nous ?

ANTOINETTE.

Oh ! je n'oublie pas que je suis en quarantaine, mais...

YOLANDE.

Alors, pourquoi nous parler !

ANTOINETTE.

Pour vous empêcher de consommer une mauvaise action.

YOLANDE.

Toujours des grands mots. Veuillez les garder pour vous, Mademoiselle, et ne pas nous en faire l'aumône ; nous n'aimons pas les faux-frères.

ANTOINETTE.

Je ne vous demande pas de m'aimer, mais seulement de m'écouter un instant.

YOLANDE.

Nous ne voulons pas vous écouter, précisément.

ANTOINETTE.

Quelques mots seulement pour vous raconter ma visite d'hier chez Mlle Bernard. Je suis sûre que si vous saviez combien...

YOLANDE, aux autres élèves.

Mesdemoiselles, bouchons-nous résolument les oreilles. C'est le seul moyen de nous défendre contre cette éloquence débordante.

HENRIETTE.

Oui, bouchons-nous les oreilles; c'est une excellente idée.

ANTOINETTE.

Si vous saviez comme elle est pauvre ! En quel dénûment elle vit ! Si vous aviez vu ce misérable mobilier, cette maison, habitée seulement par des ouvriers et sa mère, cette femme respectable dont l'air et les manières distinguées révèlent une éducation supérieure ! Son aspect seul m'a émue. On sent que ces deux femmes vivent l'une pour l'autre, soutenues par leur affection mutuelle dans les épreuves de leur existence. Mais je vois que c'est inutile, et que vous ne voulez pas m'entendre. Je me tais.

YOLANDE.

Est-ce qu'elle parle encore, ou a-t-elle fini ? Cessez de vous boucher les oreilles, mes amies, nous l'avons réduite au silence par ce moyen aussi simple qu'ingénieux.

HENRIETTE.

J'en suis bien aise; j'avais déjà des bourdonnements dans les oreilles. Ah ! Rose qui continue à se boucher les oreilles. Eh ! petite Rose, c'est assez. Est-elle consciencieuse, cette enfant ?

ROSE.

On peut entendre ?

HENRIETTE.

Mais oui.

STÉPHANIE.

D'ailleurs, voici Mlle Bernard.

YOLANDE.

Attention, Mesdemoiselles, n'oubliez rien.

HENRIETTE.

Soyez tranquille.

SCÈNE V.

Les mêmes, Mlle BERNARD.

Mlle BERNARD.

Bonjour, Mesdemoiselles.

ANTOINETTE.

Bonjour, Mademoiselle Bernard.

Mlle BERNARD.

Voici vos cahiers de narration. Je les ai tous corrigés ce matin. Les notes sont en marge; Mademoiselle Antoinette, veuillez en faire la distribution.

ANTOINETTE.

Oui, Mademoiselle. (*Elle distribue les cahiers.*)

Mlle BERNARD, à part.

Elles gardent toutes un silence inquiétant. On dirait qu'il y a de l'orage dans l'air ; n'ayons pas l'air de nous en apercevoir.

— Mesdemoiselles, j'ai le regret de vous dire que j'ai trouvé les narrations faibles, beaucoup de répétitions de mots, un style généralement mou et négligé, et peu d'idées en dehors des lieux communs qui abondent dans ces devoirs. Il faudra tâcher de faire mieux une autre fois. Je suis sûre qu'avec un peu d'attention, il serait aisé à la plupart d'entre vous de me donner de meilleures compositions. Je parle pour les élèves qui ne sont pas étrangères, car pour celles-là, leur peu de familiarité avec la langue française les rend bien plus excusables que leurs compagnes, quand il s'agit de devoir de style. Votre devoir, Antoinette, est incontestablement le meilleur ; mais il pèche un peu par la composition générale. Au reste, je vous renvoie à mes observations écrites. Nous allons reprendre l'histoire de France ; nous en étions restées, vous vous en souvenez, au règne de Philippe-le-Bel ; je vous parlerai aujourd'hui des dernières années de la vie de ce prince ; nous y trouvons un fait particulièrement important : c'est le procès des Templiers. Cet ordre célèbre avait été fondé, vous ne l'ignorez pas, pour la défense des lieux saints, et depuis la prise de Jérusalem.

YOLANDE, à demi-voix aux élèves.

Partez.

Chant de coq, miaulement de chat, aboiement de chien, mugissement, beuglement, etc.

Mlle BERNARD, d'abord interdite, puis en colère.

Qu'est ceci?... Que signifie cette plaisanterie de mauvais goût, tout à fait indigne de jeunes filles bien élevées? Si un pareil fait se reproduit jamais (*embarrassée*), oui, si un pareil fait se reproduit jamais, je porterai plainte à Mme Brouillard. (*Moment de silence.*) Je reprends, Mesdemoiselles; cet ordre célèbre, je parle des Templiers, était à ce moment le dépositaire des fonds considérables que les bruits vagues, mais persistants de croisade faisaient affluer de toutes les extrémités du monde chrétien, et ces richesses qui constituaient un trésor, pour ainsi dire sacré, étaient une cause d'ombrage et de convoitise pour un monarque aussi jaloux de son pouvoir qu'avide des...

YOLANDE, à demi-voix.

Allez, partez.

Chants divers.

Mlle BERNARD, au milieu du bruit.

Ont-elles perdu la tête?

ANTOINETTE.

Non, Mademoiselle, c'est une indignité, voilà tout.

Mlle BERNARD, exaspérée.

Taisez-vous, Mesdemoiselles, taisez-vous.

YOLANDE, reprenant plus fort.

Allez-vous-en, gens de la noce,
Allez-vous-en chacun chez vous.

LA PETITE ROSE.

Papa, les petits bateaux, etc.

CHARLOTTE.

Fleuve du Tage.

SUZANNE.

J'ai du bon tabac.

STÉPHANIE.

Marlborough s'en va-t-en guerre.

HENRIETTE.

Bon voyage, Monsieur du Mollet.

PÉPITA.

Paroles espagnoles : *Ay Chiquita.*

Mlle Bernard s'avance, éperdue, sur le bord du théâtre, Antoinette s'approche d'elle.

SCÈNE VI

Les mêmes, Mme BROUILLARD.

Mme BROUILLARD, avec autorité.

Silence, silence. (*Les chants cessent aussitôt.*) Que se passe-t-il dans votre classe, Mademoiselle Bernard ? On dirait la salle des agités dans une maison de fous.

Mlle BERNARD.

Mon Dieu, Madame, je pense que ces demoiselles sont folles, en effet. Je commence mon cours d'histoire de France; à peine ai-je prononcé quelques mots, je suis interrompue par des cris d'animaux de toute espèce. On aurait pu se croire dans une ménagerie, ou dans une basse-cour. Le silence se rétablit; je reprends mon discours, après avoir fait quelques observations à ces demoiselles; un horrible charivari de chansons variées s'élève autour de moi, et votre arrivée seule, Madame, a pu mettre fin à cet affreux concert.

Mme BROUILLARD.

Et quelles sont les virtuoses, je vous prie ?

Mlle BERNARD.

Toutes, excepté Mlle Antoinette.

Mme BROUILLARD.

Mesdemoiselles, vous me voyez scandalisée de votre conduite, et j'ai laissé mon respectable époux presque évanoui dans son fauteuil. Un pareil fait est sans précédent chez moi, jamais chose semblable ne s'est vue ; vous avez déshonoré le pensionnat. Quand je devrais perdre leur confiance, j'instruirai vos parents de ce qui s'est passé aujourd'hui, et ils sauront comment vous m'avez obligée, en dépit de mes habitudes maternelles, à vous traiter avec sévérité. D'ici au mois prochain vous serez privées de tout dessert et vous aurez du pain sec à votre goûter.

YOLANDE, bas à Henriette.

Ce sera une économie pour l'établissement.

Mme BROUILLARD à Mlle Bernard.

Il me reste maintenant, Mademoiselle, une pénible tâche à remplir à votre égard. Je rends justice à votre savoir, mais le désaccord entre vous et vos élèves allant toujours croissant, au grand détriment de la tranquillité nécessaire à mon mari, au mépris de la discipline scolaire, aux dépens même de votre dignité de professeur dont je dois avoir le plus grand soin, j'ai le regret de vous annoncer qu'il est devenu nécessaire que nous nous séparions. Je suis extrêmement peinée, croyez-le bien, d'être obligée d'en venir à cette extrémité.

Mlle BERNARD, balbutiant.

Ainsi, Madame, je l'ai bien compris ; vous me retirez l'emploi que je remplissais dans votre maison.

Mme BROUILLARD.

Je vous le répète avec un profond regret, et non sans avoir châtié les coupables, sur lesquelles, je ne crains pas de le dire, je verse le blâme le plus sévère.

Mlle BERNARD, égarée et se parlant à elle-même.

Oui, j'ai bien compris ; je suis chassée, chassée.

Mme BROUILLARD.

Fi ! le vilain mot ; nous nous séparons, Mademoiselle, voilà tout, et cela n'atteint en rien l'estime réciproque.

ANTOINETTE, tristement.

Pauvre fille !

Mlle BERNARD, de plus en plus égarée.

Bien, Madame, bien ! Oui, je m'en vais, je m'en vais d'ici tout de suite. (*Elle sort par la porte du jardin.*)

SCÈNE VII

LES MÊMES, MOINS Mlle BERNARD.

YOLANDE.

Elle se trompe de porte. Pourquoi sort-elle par le jardin ?

ANTOINETTE.

Elle est si troublée ; il y avait comme de l'égarement dans ses yeux.

HENRIETTE.

Mais quel est son but en allant dans le jardin?

ANTOINETTE.

Je crois qu'elle ne sait pas ce qu'elle fait.

Mme BROUILLARD, avec étonnement.

Comment, que dites-vous? Voyons donc un peu où elle va. Elle croit peut-être qu'il y a une porte donnant sur la petite rue.

ANTOINETTE.

Mais elle a oublié son chapeau et son ombrelle.

HENRIETTE.

C'est vrai.

STÉPHANIE.

Voilà qui est étrange.

ANTOINETTE : elle va à la porte et regarde dans le jardin.

Elle se dirige vers le fond du jardin; sa démarche est chancelante, incertaine.

YOLANDE, avec inquiétude.

Oh! mais, est-il possible qu'elle soit affectée à ce point? Le croyez-vous, Madame Brouillard?

Mme BROUILLARD.

Mais non, je ne pense pas. Mlle Boudet m'a presque ri au nez en partant, j'en ai même été assez blessée.

ANTOINETTE, d'un ton très troublé.

Voyez, voyez, elle se dirige vers la pièce d'eau.

Mme BROUILLARD, avec une vive inquiétude.

Vers la pièce d'eau; qu'a-t-elle à faire de ce côté-là? Antoinette, suivez-la, je vous prie.

ANTOINETTE, avec empressement.

Oui, Madame. Mais, grand Dieu! elle précipite sa marche; je suis sûre qu'elle va se jeter à l'eau.

YOLANDE, avec effroi.

Oh ciel! que dites-vous?

Mme BROUILLARD, du même ton.

Mon Dieu! vous m'effrayez; courons toutes, mais passez devant moi, j'ai peine à me soutenir.

HENRIETTE, avec un cri d'horreur.

Elle a disparu! elle s'est jetée dans l'eau! C'est épouvantable! je n'y vais pas.

STÉPHANIE.

Est-il possible?

SUZANNE.

Tâchons de la sauver.

LA PETITE ROSE.

Oh! que j'ai peur!

CHARLOTTE.

C'est affreux.

Mme BROUILLARD.

Un suicide chez moi! (*Hors d'elle-même.*) Allez chercher sa mère, sauvez la malheureuse, sauvez Mlle de Rochegune. Au secours! au secours!

TOUTES LES ÉLÈVES.

Au secours!

Mme BROUILLARD.

Venez, Henriette, soutenez-moi.

HENRIETTE.

Je tremble, Madame. (*Tout le monde sort, excepté Yolande.*)

SCÈNE VIII

YOLANDE, seule.

YOLANDE.

Ai-je bien entendu? Sauvez Mlle de Rochegune, la fille du bienfaiteur de ma famille. Oh ciel !... Et je l'ai tuée, je l'ai assassinée !... Jeu exécrable !... Passe-temps cruel !... Qu'ai-je fait, malheureuse ? (*Elle tombe à genoux.*) O mon Dieu ! Dieu bon, Dieu juste, faites que je sois pauvre, méprisée de tous, défigurée, infirme, punissez-moi, mais pas ainsi, mon Dieu !... Prenez ma vie, s'il vous la faut en échange de la sienne ; mais qu'elle soit rendue à sa mère !... Que je n'aie pas commis un crime abominable !... Personne ne vient, et je n'ose y aller !... Il y a un siècle que tout cela dure... Je crois entendre des pas qui se rapprochent... (*Elle écoute.*) Non, ce sont les battements de mon cœur qui m'ont trompée... Mademoiselle de Rochegune ! J'ai bien entendu ! Ce nom retentit toujours à mon oreille, ce nom qui complète mon crime... Si mon père vivait encore, ce serait pour me maudire... Existe-t-elle encore, hélas ?... Je n'en puis plus... Cette fois on vient, j'en suis sûre... Que vais-je apprendre ?... Tout mon sang se glace dans mes veines. C'est Henriette ; comme elle est pâle !

SCÈNE IX

YOLANDE, avec anxiété.

Eh bien ! Henriette ?

HENRIETTE.

Elle est sans connaissance, mais elle vit.

ACTE III

YOLANDE.

Oh! quelle joie! Remerciez Dieu avec moi, Henriette, Dieu qui la sauve et qui nous épargne un crime.

HENRIETTE, avec abattement.

Je le voudrais, mais le remords, l'émotion, m'étouffent. Il me semble que je vais tomber évanouie comme elle.

YOLANDE.

Asseyez-vous, tâchez de vous remettre un peu, et racontez-moi ce que vous avez vu.

HENRIETTE.

Quand nous sommes arrivées, nous l'avons trouvée étendue sans connaissance tout au bord de l'eau.

YOLANDE.

Elle ne s'est donc pas jetée dedans, ou l'en avait-on déjà retirée?

HENRIETTE.

Non, le bord de sa robe seul était mouillé, sans doute une faiblesse l'a prise comme elle atteignait le bord de l'eau, et l'a empêchée d'accomplir son funeste dessein. Au moins, voilà ce que je crois, car j'ai la tête perdue, et puis à peine rassembler mes idées... Qu'avons-nous fait, Yolande? Pour moi, je ne songeais qu'à m'amuser. Ce prétendu complot était un jeu dont je me divertissais sans réflexion. Ah! si j'avais su!

YOLANDE.

Ne m'en dites pas davantage à ce sujet, Henriette; ce sera assez d'y penser toute ma vie. Quel remords, quel remords! Mais comment l'avez-vous laissée?

HENRIETTE.

Tout le monde l'entourait, et moi je me tenais presque à l'écart, n'ayant ni la force ni le courage de la soigner. Antoinette la soutenait dans ses bras.

YOLANDE.

Antoinette! Ah! que ne l'avons-nous écoutée !

HENRIETTE.

Hélas !

YOLANDE.

Donc Antoinette la soutenait dans ses bras...

HENRIETTE.

Oui, et Mme Brouillard lui faisait respirer des sels, tandis que Pépita et Stéphanie lui frottaient les mains. La petite Rose pleurait, la figure cachée dans son tablier.

YOLANDE.

Enfin, a-t-elle donné quelques signes de vie ?

HENRIETTE.

Elle a ouvert les yeux sans parler et sans remuer ; c'est alors que je suis partie, craignant de vous laisser plus longtemps à votre désespoir, dont je jugeais par l'intensité du mien.

YOLANDE.

Je vous remercie bien, Henriette, d'avoir pensé à moi ; je ne pouvais plus supporter mon angoisse, quand je vous ai vue arriver. Mais vous ne savez pas ce qui met le comble à mon repentir et à ma douleur.

HENRIETTE.

Non.

YOLANDE.

Celle que nous croyions Mlle Bernard est Mlle de Rochegune.

HENRIETTE.

Eh bien! cela ne change rien, il me semble, à ce qui s'est passé.

YOLANDE.

Pour vous, mais pour moi, il en double l'horreur.

HENRIETTE.

Comment donc?

YOLANDE.

Le père de cette infortunée fit donner au mien, modeste petit employé, la place qui fut le point de départ de notre situation actuelle. Nous lui devons tout, comprenez-vous, Henriette? et j'ai failli causer la mort de sa fille. Cette pensée est une torture pour moi.

HENRIETTE.

Je comprends ce que vous éprouvez; mais au moins pourrez-vous réparer une partie de vos torts quant à la perte de sa place. Votre oncle, le préfet, si vous le lui demandez bien, lui donnera quelque bureau de poste, ou un de ces emplois de même genre, que sollicitent toutes les personnes ruinées.

YOLANDE.

Fiez-vous à moi pour tout confesser et supplier mon oncle, comme si ma propre existence était en jeu.

HENRIETTE.

Ah! voilà tout le monde qui revient... Elle peut

marcher, soutenue par deux personnes, mais que son air me fait peur!...

YOLANDE.

Je n'ose la regarder.

SCÈNE X

Les mêmes, Mlle DE ROCHEGUNE, toutes les élèves, moins Suzanne, Mme BROUILLARD.

Mme BROUILLARD.

Vous sentez-vous mieux, chère Mademoiselle?

STÉPHANIE.

Elle ne répond rien.

ANTOINETTE, d'un ton affectueux.

Mademoiselle Marie, revenez à vous, ne jetez pas sur ceux qui vous environnent ces regards égarés. Ce sont toutes des personnes qui s'intéressent à vous, et sont peinées de ce qui s'est passé.

YOLANDE.

Oh! oui, oh! oui!

ANTOINETTE.

Ne reconnaissez-vous pas Mme Brouillard, qui vous demande de vos nouvelles?

Mme BROUILLARD.

Vous entendez, Mademoiselle, c'est moi, Madame Brouillard, qui vous demande de vos nouvelles.

Mlle DE ROCHEGUNE, d'un air absorbé et étrange.

Je ne vous connais pas.

ANTOINETTE.

Et moi, Antoinette ?

Mlle DE ROCHEGUNE, du même ton.

Laissez-moi.

YOLANDE, à Henriette avec effroi.

Henriette, serait-elle devenue folle !

HENRIETTE.

Je le crains ; vous le voyez, hélas ! elle ne reconnaît plus personne.

YOLANDE.

C'est affreux.

Mme BROUILLARD.

Cet état d'égarement commence à m'effrayer. A-t-on été chercher sa mère ?

STÉPHANIE.

Oui, Madame, Suzanne y a été.

Mme BROUILLARD.

Dieu veuille qu'elle arrive bientôt ! Et justement j'entends des pas précipités et la voix de Suzanne.

~~~~~~

SCÈNE XI

LES MÊMES, Mme DE ROCHEGUNE, SUZANNE.

SUZANNE.

Entrez, Madame, elle doit être ici.

Mme DE ROCHEGUNE, avec émotion.

Mon enfant, ma fille, quel changement dans tous ses

traits ! Parle-moi, ma chérie ; regarde-moi bien, entends ma voix qui t'appelle.

Mme BROUILLARD.

On dirait que sa physionomie s'éclaire, que son visage s'anime.

Mme DE ROCHEGUNE.

Marie, Marie.

Mlle DE ROCHEGUNE.

Ah ! ma mère ! (*Elles s'embrassent.*)

Mme BROUILLARD.

Elle a reconnu sa mère, elle est sauvée.

PLUSIEURS ÉLÈVES.

Quel bonheur ! quel bonheur !

Mlle DE ROCHEGUNE.

Qu'est-il donc arrivé ? Pourquoi tout le monde m'entoure-t-il ? Et vous, chère mère, pourquoi êtes-vous ici ? Ai-je donc été malade ? Je ne me souviens de rien. Il me semble que je me réveille d'un long sommeil... Un sommeil agité de rêves affreux... Qu'ai-je fait ?

LA PETITE ROSE.

Mademoiselle, vous avez voulu vous noyer ; vous nous avez fait bien peur, allez.

Mme BROUILLARD, avec colère.

Petite sotte, taisez-vous.

Mlle DE ROCHEGUNE, vivement.

Me tuer ? Jamais ! Moi, abandonner ma mère ! Ah ! vous ne le croyez pas, maman.

Mme DE ROCHEGUNE.

Non, mon enfant, calme-toi.

Mlle DE ROCHEGUNE.

Et pourtant, le bas de ma robe est mouillé, c'est étrange, et cet enfant dit... Je me souviens bien que Mme Brouillard... Et puis rien, rien, la nuit.

Mme DE ROCHEGUNE, avec autorité.

Tu n'es pas responsable des rêves de ton sommeil; et quelles que soient les images affreuses qui aient pu hanter cette nuit d'un instant, n'y pense plus, ma fille; Dieu et ta mère t'absolvent.

Mlle DE ROCHEGUNE.

Merci, chère mère, vos paroles me consolent et apaisent le trouble de mon âme, mais, vous le savez, Mme Brouillard n'a plus besoin de moi, et je n'ai que trop troublé sa maison.

STÉPHANIE, d'un ton suppliant.

Madame Brouillard, la laisserez-vous partir ainsi après ce qui s'est passé?

CHARLOTTE, même ton.

J'en aurais bien du chagrin maintenant.

HENRIETTE, même ton.

Madame Brouillard, donnez-nous l'occasion de réparer nos torts.

SUZANNE.

Nous vous en supplions, Madame Brouillard.

HENRIETTE.

M. Brouillard ne sera plus jamais réveillé par nous, je vous le promets.

Mme BROUILLARD, avec embarras.

Sans doute... Moi aussi, je voudrais,... mais je ne sais,... Mademoiselle, il me semble que ces demoiselles, témoignant le plus vif repentir de leur insubordination, et promettant à l'avenir de vous donner toute satisfaction, rien ne vous oblige plus à vous séparer d'elles. La situation est complètement changée, et il dépend de vous...

Mme DE ROCHEGUNE, d'un ton ferme et digne.

Pardon, Madame, il y a des ruptures qui doivent être définitives, et après ce qui s'est passé, je ne permettrais pas à ma fille de rester dans des lieux et dans des conditions où elle a tant souffert.

Mme BROUILLARD, piquée.

Madame, il en sera comme il vous plaira. Croyez qu'un sentiment de conciliation m'animait seul en vous faisant la proposition que vous repoussez. Aucun sentiment d'intérêt personnel ne s'y mêlait... J'ai dans ma poche la lettre d'une jeune personne qui sollicite l'emploi que remplissait chez moi Mademoiselle votre fille.

Mme DE ROCHEGUNE, froidement.

Eh bien ! il faut le lui donner.

Mme BROUILLARD, très piquée.

C'est ce que je ferai, puisque mes bonnes intentions sont méconnues.

Mme DE ROCHEGUNE.

Mais tu es faible et souffrante, mon enfant, retirons-nous.

Mlle DE ROCHEGUNE.

Oui, ma mère.

YOLANDE ; elle écarte les autres élèves et vient se jeter aux pieds de Mlle de Rochegune.

Oh ! Mademoiselle, avant de nous quitter, pardonnez à la plus coupable d'entre nous. C'est moi l'auteur de toutes les persécutions dont vous avez eu à souffrir, moi qui ai poussé les autres à se mettre en rébellion contre vous.

Mlle DE ROCHEGUNE, avec douceur.

Que vous avais-je donc fait ?

YOLANDE.

Rien, hélas ! car je ne puis invoquer pour m'excuser les petits échecs faits à mon amour-propre d'écolière ; non, je fus coupable par inconséquence, par légèreté, je fus très coupable, et Dieu a déjà commencé à m'en punir.

Mlle DE ROCHEGUNE.

Comment donc ?

YOLANDE.

En me révélant ce que je veux dire devant tout le monde ici, comme une première réparation : (*Élevant la voix*) que votre père fut le bienfaiteur du mien.

Mlle DE ROCHEGUNE, simplement.

Je l'ignorais, Mademoiselle, mon père a eu le bonheur d'obliger quelques personnes dans sa vie ; mais relevez-vous, je vous prie, je vous pardonne du fond du cœur.

YOLANDE.

Merci, merci. Puisque vous êtes si généreuse, vous m'encouragez à vous demander une autre grâce. Je vais quitter la pension dans quelques mois, et mon tuteur désire qu'une protection respectable soit assurée pour quelques années à ma jeunesse et à mon inexpérience. Hélas, je viens de vous montrer assez à quel point j'ai besoin d'être encore dirigée. Si Madame votre mère et vous consentiez à me tenir lieu de famille, combien je serais heureuse ; je me fais fort d'obtenir l'autorisation de mon oncle.

ANTOINETTE.

Mademoiselle, j'allais vous demander la même faveur. Comme Yolande, je suis seule, comme elle, j'ai besoin d'une famille ; je possède une petite maison à la porte de la ville. Si vous et Madame votre mère voulez bien venir chercher un abri sous mon modeste toit, je m'estimerais heureuse d'y vivre avec vous, et de vous y voir attendre les dédommagements que la Providence réserve certainement à une si noble infortune.

Mme DE ROCHEGUNE.

Mademoiselle Yolande, ma fille et moi sommes très touchées de vos offres, et nous vous en exprimons sincèrement notre reconnaissance.

ANTOINETTE.

Et les miennes, Madame ?

Mme DE ROCHEGUNE, affectueusement à Antoinette.

Les vôtres, chère enfant ! ah ! les vôtres, nous les acceptons de bien bon cœur.

Mlle DE ROCHEGUNE.

Ah ! ma mère, vous avez dit tout ce que je sentais. Combien je suis contente de ne pas me séparer de ma chère Antoinette !

ANTOINETTE.

Et moi donc ; mille grâces, Madame.

YOLANDE, tristement.

Je n'ai pas le droit de me plaindre, et il ne me reste qu'à chercher un autre moyen de réparer autant que possible la faute si grave que j'ai commise.

FIN DE LA SOUS-MAÎTRESSE.

LE BOUQUET

MONOLOGUE

LE BOUQUET

MONOLOGUE

~~~~~~~~~~~~~~~~~~~~~~~~~~~~~~

COLETTE.

Elle entre tenant un bouquet à la main.

Ravie !... Je suis ravie ! Un jeune garçon, un page, aurait-on dit dans un autre siècle, vient de me le remettre à l'instant. *(Montrant le bouquet.)* « Mademoiselle, m'a-t-il dit, voici un bouquet qu'on m'a chargé de vous apporter. — Un bouquet pour moi, me suis-je écriée toute joyeuse ! » Mais je m'arrêtai net en songeant qu'il ne fallait pas avoir l'air trop contente comme une personne qui n'a jamais reçu de fleurs, et pourtant entre nous, bien entre nous, ce sont les premières, si j'en excepte celles dont ma main droite faisait cadeau à ma main gauche pendant les jours de vacances passés à la campagne : « Oui, Mademoiselle, c'est bien pour vous, me répéta le page improvisé, d'un ton à la fois gouailleur et discret. » Puis il s'éloigna promptement sans répondre à mes questions et sans accepter de gratification, ce qui est peut-être le trait le plus étrange de toute cette histoire, tandis que je restais à la porte mon bouquet à la main, en proie à une émotion facile à comprendre. Mais je me souvins fort à propos que toute la rue avait peut-être les yeux sur moi ; il me sembla même entendre un chœur de voix confuses qui murmuraient : « Qui donc a pu donner ce beau bouquet à cette petite ?... » et j'ai refermé précipitamment ce soupirail perfide ouvert sur ma vie privée, par lequel pouvaient se glisser tant de regards inquisiteurs. Me voici donc seule avec mon cher bouquet... Qu'il est beau ! que les fleurs en sont fraîches et habilement variées ! Son parfum doux et subtil remplit toute la pièce. C'est un bouquet charmant ! et plus charmant encore est le mystère qui l'environne !... Il est tout blanc, comme il convient à un bouquet de jeune fille. L'an dernier encore, on m'envoyait une poupée, ou des bonbons ; maintenant on m'offre des fleurs ; donc je suis une jeune fille ! Que mon petit frère vienne prétendre à présent que je suis une enfant comme lui ! je saurai bien le remettre à sa place en deux mots : « Non, Monsieur, la preuve que je suis une jeune personne, c'est qu'on m'envoie des bouquets. » Il n'y a rien à répliquer. Maman sera bien surprise, quand en rentrant elle l'apercevra ! Je l'entends d'avance me dire : « Comment, fillette, tu es sûre que ce bouquet est pour toi ? » et je prendrai l'air le plus naturel pour répondre : « Certainement, maman, il est pour moi ; qu'y a-t-il d'étonnant à cela ? — Mais c'est qu'à ton âge !... » Maman me voit toujours en nourrice !... c'est bien malheureux, mais pour elle, je suis encore en bavette et en robe courte, et pourtant ! j'ai seize ans moins onze mois et bien des gens m'en donneraient davantage. Mais, j'y songe, la première chose à faire, c'est de placer mon bouquet dans un vase ; prenons le plus joli pour lui servir de support. (*Elle met le bouquet dans un vase.*) Là, maintenant je vais poser le vase sur cette table. (*Elle pose le vase sur une table.*) Quelles belles fleurs ! je ne puis me lasser d'en respirer le parfum. Mais j'oublie que derrière ce bouquet il y a une énigme !... D'où me vient-il ? Qui a pu me l'envoyer ? Pourquoi le généreux donateur m'en a-t-il fait cadeau ?... Hélas ! je ne me doutais guère avoir parmi mes connaissances quelqu'un d'aussi aimable, et maintenant encore me voilà fort en peine pour le faire sortir des brouillards de l'anonyme. Serait-ce mon vieux parrain ? Il mêle parfois les dates et s'imagine peut-être que c'est aujourd'hui ma fête. (*Elle prend un almanach.*) Bah ! sainte Pétronille, et je m'appelle Colette ! Il n'y a pas moyen de confondre. (*Elle semble méditer un instant.*) Ou ma nourrice ! Non, non ! la bonne Françoise ne s'y prendrait pas de la sorte pour m'offrir un bouquet ; loin de se cacher, elle me ferait valoir bien haut sa marchandise. « Regarde, pétiote, je l'ai cueilli tout exprès pour toi, à la fraîche, qu'il ne faisait seulement point clair, et je t'ai pourtant choisi les plus belles fleurs de notre jardin ; vois cet œillet, c'est le premier de la saison, et cette belle rose ! et ce brin de jasmin d'Espagne ! » Oh ! il n'y aurait pas de danger qu'elle fît de la modestie !... Mais alors, si ce n'est pas elle, c'est peut-être ma maîtresse de pension qui me l'envoie parce qu'elle a un remords de ne pas m'avoir donné de prix, en manière de réparation secrète ; ce ne serait que juste, donc c'est improbable ! Allons ! je m'y perds ! Mon amie Laure est absente, et d'ailleurs où prendrait-elle de si jolies fleurs ? La vieille demoiselle de la rue des cloîtres en a de magnifiques dans son parterre et elle m'appelait son petit ange ! mais elle ne m'aime plus du tout depuis que j'ai eu le malheur de rire en la voyant tomber sur la place, un jour de verglas. Je ne trouve pas, c'est désolant ! si désolant que je donnerais mon bouquet pour savoir d'où il vient. Cherchons, cherchons ; il ne faut pas se décourager trop vite. (*Elle a l'air de réfléchir.*) Dans quelles circonstances donne-t-on des bouquets ?... Pour les anniversaires de naissance, les jours de fête... Ah ! et pour les mariages donc !... (*Riant.*) Est-ce que je me marierais sans m'en douter ? L'idée est drôle !... pas si drôle, après tout ! je vais sur mes seize ans. Il y a des jeunes filles qui se marient de bonne heure ! c'est assez rare à cet âge, mais cela se voit, et ce bouquet a tout à fait l'air d'un bouquet de fiançailles. En résumé, il y a le bouquet, il y a la fiancée, mais le fiancé manque ; il s'agit de trouver le fiancé comme dans les devinettes... (*Elle réfléchit.*) Si c'était, mais non,... mais si,... pourquoi pas? Si c'était le capitaine de hussards qui demeure sur le mail non loin d'ici ? Quand il passe sur son cheval noir, il regarde toujours du côté de nos fenêtres, maman elle-même l'a remarqué ; et puis, l'autre jour, sa tante est venue rendre visite à la maison, et l'on m'a renvoyée du salon comme une petite fille ; j'étais furieuse, mais bien à tort, car la bonne dame avait à causer avec ma mère ; je me souviens même que l'entretien fut bien long... Qui sait ! elle demandait peut-être ma main pour son neveu !... Je le croirais d'autant plus qu'une circonstance fort caractéristique me revient à l'esprit ; en sortant, me rencontrant dans le corridor, elle m'embrassa très affectueusement ; je me rappelle que je venais de sauter à la corde ; heureusement que j'ai pu cacher ma corde sous mon tablier. Voyez-vous une jeune fiancée surprise se livrant à un semblable divertissement ! Ce serait à mourir de honte, mais elle ne l'a pas vue, j'en suis sûre, et elle a même remarqué combien j'avais grandi et pris l'air d'une jeune personne ; cette réflexion si obligeante répondait sans doute à quelque objection de maman. Maman aura dit que j'étais trop jeune (*avec impatience*) (puisqu'elle me voit toujours en nourrice), qu'il fallait attendre. Je l'entends d'ici : « Ma fille est encore une enfant, rien qu'une enfant. » Et le jeune homme désespéré aura sollicité tout au moins la permission de m'envoyer un bouquet anonyme. Dieu merci, on n'a pas eu la cruauté de lui refuser une aussi juste demande, et voilà tout le mystère dévoilé ! c'est-à-dire que mon bouquet n'est plus un bouquet : c'est une déclaration. (*Sautant de joie.*) J'ai reçu une déclaration ! Ah ! si Laure était là, comme j'aimerais à le lui raconter. (*On sonne.*) Mais qui peut sonner et venir ainsi troubler le cours de mes agréables réflexions. (*Elle ouvre la fenêtre et regarde.*) Voyons ! tiens ! le petit garçon de tout à l'heure ! que me veut-il ?

LE PETIT GARÇON, à la cantonnade.

Mademoiselle, Mademoiselle ! Rendez-moi le bouquet, je vous prie ; je me suis trompé, il n'est pas pour vous.

COLETTE.

O ciel ! que dit-il ?

LE PETIT GARÇON, à la cantonnade.

Je suis bien fâché, mais il est pour une demoiselle qui habite dans la maison à côté et qui va se marier avec un capitaine de hussards.

COLETTE, avec consternation.

Mon bouquet ! Mon fiancé ! (*Au petit garçon.*) Êtes-vous sûr de ne pas vous tromper encore ?

LE PETIT GARÇON, à la cantonnade.

Oh ! non, pas cette fois et il faut excuser ma première erreur : je ne sais pas lire.

COLETTE.

Heureusement que l'instruction est maintenant obligatoire !

LE PETIT GARÇON, à la cantonnade.

Mademoiselle, vous allez me le rendre, n'est-ce pas ?

COLETTE, sèchement.

Assurément, puisqu'il n'est pas pour moi, mais attendez un moment. (*Elle ferme la fenêtre et revient vers le bouquet qu'elle prend dans sa main, d'un ton mélancolique.*) Adieu, beau bouquet que j'ai cru mien ! Tu n'as pas été cueilli à mon intention, je te rends et tu emportes une larme de mes yeux tombée sur ta plus belle fleur. Faut-il l'essuyer ? Qu'importe ! on la prendra pour une goutte de rosée, et voilà tout. Je te laisse ma larme, cher bouquet, comme tu me laisses ici ton doux parfum ; mais je garde de toi quelque chose de plus qu'un parfum bientôt évaporé ; je te dois une leçon dont je ne veux pas perdre le souvenir. Oui, je ne suis encore qu'une petite fille, et j'ai eu grand tort de me croire une grande personne ; ah ! pourquoi cette hâte déraisonnable de sortir de l'insouciante enfance ?... Qui sait !... la vie est peut-être pleine de bouquets qui se trompent d'adresse, c'est-à-dire de déceptions ! Allons ! j'irai encore cueillir des fleurs le long des haies ; ce seront de simples fleurs des champs, mais celles-là, du moins, n'ont pas d'épines. Quant à ce beau bouquet, je vais me hâter de le remettre à mon prétendu page, qui, décidément, n'était qu'un vulgaire petit décrotteur.

FIN DU BOUQUET.

C'EST LE CHAT!

COMÉDIE EN UN ACTE

PERSONNAGES

Mlle ÉLÉONORE, vingt-deux ans.
DÉSIRÉ, treize ans, apprenti pâtissier.
Un chat.

PROLOGUE CHANTÉ

POUR : *C'EST LE CHAT!*

Sur l'air connu : *C'est la mère Michel.*

CHŒUR.

C'est la mère Michel, qu'a perdu son chat ;
Elle crie par la fenêtre, qu'est-ce qui le lui rendra ?
Le compère Lustucru alors a répondu :
« Allez, la mère Michel, vot' chat n'est pas perdu. »

UNE VOIX SEULE.

Ah ! puisqu'il va paraître,
C'est bien qu'il n'est pas mort ;
Il a changé de maître,
Mais non de mauvais sort.

Un garçon pâtissier,
Que le vice domine,
Est prêt à sacrifier
Cette pauvre victime.

Il mange la brioche
Qu'en ville il apportait ;
Et puis le vilain mioche
Dit : « C'est l' chat qui l'a fait. »

Mais une indigestion,
Par le ciel envoyée,
A puni cette action
De malice entachée.

Que ceci vous instruise
Qu'il vaut mieux confesser
Une grosse sottise
Que s'y faire obliger.

CHŒUR.

C'est la mère Michel, qu'a perdu son chat,
Qui crie par la fenêtre, qu'est-ce qui le lui rendra ?
Le compère Lustucru alors a répondu :
« Allez, la mèr' Michel, vot' chat n'est pas perdu. »

C'EST LE CHAT!

COMÉDIE EN UN ACTE

SCÈNE I

La scène représente une salle à manger, et n'est occupée au lever du rideau que par un gros chat. — Désiré entre avec un panier de pâtissier sur la tête.

DÉSIRÉ.

Bonjour, Mademoiselle Éléonore, je vous apporte votre gâteau de commande, tout chaud venant du four! (*Il regarde autour de lui.*) Tiens, personne!... La bonne n'est pas à la maison, et la maîtresse est sortie; c'est fort embarrassant pour moi! Je vas toujours poser mon gâteau. Mais, j'y pense, la patronne m'a bien recommandé de rapporter l'assiette, et quand elle a dit quelque chose, la patronne, dame! faut pas faire autrement, ou gare les suites! Elle a la main leste, Mme Marisset, j'en sais quelque chose. Comment faire? (*Il réfléchit un instant.*) Après tout, c'est bien simple; j'attendrai un petit moment. Mlle Éléonore va rentrer tout de suite; puisqu'elle a laissé la porte ouverte, elle ne peut être loin ! Ce que c'est que d'avoir de l'esprit ! et pourtant la patronne prétend que je suis une bête. Mettons le plat au milieu de la table. (*Il place le gâteau comme il l'indique, et le regarde d'un air satisfait.*) Là ! c'est le papa de Mlle Éléonore qui va être content ! il aime les friandises comme une petite fille, ce vieux militaire. (*Regardant encore le gâteau.*) Pour un joli gâteau, c'est un joli gâteau, et il doit être encore meilleur à manger qu'à regarder (*soupirant*), et ce n'est pas la même chose. Ah ! pas du tout la même chose ! on peut m'en croire, hélas ! Depuis un an que je suis pâtissier, je ne peux pas m'habituer à voir des gâteaux et à n'en pas goûter; c'est plus fort que moi ! Justement que je m'étais mis pâtissier pour manger des gâteaux, et Dieu sait si j'ai eu de la peine à décider mes parents, qui voulaient me donner leur état. (*Dédaigneusement.*) Ils font des balais, mes parents, et ne trouvent rien de plus beau que cette industrie, et pourtant, on en conviendra, il n'y en a pas une qui soit plus terre à terre ! Un jour, je m'en souviens, je leur dis comme cela : « Je me sens quelque chose là ! » Et je montrais mon estomac. « Est-ce que tu as trop mangé ? » me dit maman. Hélas ! c'était plutôt le contraire. Je répétai : « Oui, je sens quelque chose là qui me pèse, qui m'étouffe, qui m'oblige à vous révéler que je ne pourrai jamais faire de balais. — Pourquoi ? répliqua papa tout prêt à se fâcher. — Parce que je ne suis pas né pour ce métier; je le sens, j'ai une vocation, oui, une vocation, et on ne raisonne pas avec une vocation, c'est plus fort que tout. — Quelle vocation enfin ? s'écrièrent à la fois mes père et mère impatientés. — Je veux être pâtissier ou mourir ! » Maman, qui avait peur de m'entendre dire que je voulais être soldat, se radoucit assez vite et papa a fini par consentir. Voilà comme je suis devenu pâtissier. Malheureusement, les choses les plus attrayantes de loin vous donnent bien des déconvenues quand on les approche ! Je croyais que j'allais être nourri de sucreries, que j'allais m'en donner des indigestions ! Ah bien oui ! on a la chaleur du four et pas le plus petit gâteau à se mettre sous la dent ; la patronne me surveille, que ça en est terrible ! L'autre jour, pour avoir passé ma langue sur une cuillère qui avait servi à prendre de la crème, j'ai reçu des tapes, mais j'en ai reçu !... Ça tombait sur moi comme la grêle sur un champ. Depuis, je n'ai plus osé faire des tentatives ; mais voir des gâteaux, toujours des gâteaux, rien que des gâteaux, vivre dans les gâteaux et ne pouvoir en manger un seul petit !... Ah ! c'est trop dur à la fin ! Si je pouvais une seule fois contenter mon envie, par exemple manger à moi tout seul un gâteau comme celui-là, eh bien ! je serais satisfait. Je suis sûr que c'est bon, que c'est doux !... Si j'en prenais un petit morceau sur le bord ? On croira qu'il s'est détaché en le portant ; oui, c'est cela. Voyons ! (*Il détache un petit morceau du gâteau et le mange.*) Ah ! c'est encore meilleur que je ne le supposais ; un vrai velours sur l'estomac ! Je vais agrandir la brèche. (*Il prend encore un morceau de gâteau.*) Bah ! on pensera que l'accident a été plus considérable ; la pâte, c'est si fragile ! (*Il mange.*) Délicieux, exquis ! et se dire qu'il y a des gens qui mangent souvent d'aussi bonnes choses !... Ont-ils de la chance, ceux-là ! Si je pouvais en prendre davantage ?... Mais non, ce serait imprudent, et la patronne est si méchante ! Quel dommage ! quand on a commencé, c'est encore plus pénible dé s'arrêter en chemin ! Une bonne idée ! une inspiration, comme dirait le chef !... Ce chat !... (*Désignant le chat.*) Oui, c'est cela, je vais manger le gâteau, et je dirai : « C'est le chat ! c'est le chat. » Lui, il ne répondra rien, puisque, Dieu merci ! ces bêtes ne parlent pas. Ah ! brave matou, que tu vas me servir sans t'en douter ! Là, maintenant je puis m'en donner. (*Il mange.*) Ce gâteau est parfait ! la crème en est bien fraîche, la pâte cuite à point. (*Avec enthousiasme.*) Ah ! c'est une bonne maison que la nôtre, et je suis fier de lui appartenir ! Je me demande seulement s'il y a assez de sucre ?... Examinons consciencieusement la question ; on ne saurait trop approfondir son métier et l'expérience n'est-elle pas la moitié de la science ! Il me vient même à ce sujet une réflexion judicieuse. Si les patrons comprenaient leurs véritables intérêts, — mais ils ne les comprennent pas, voilà le malheur, — pendant un mois au moins, ils feraient un devoir à leurs apprentis de manger des gâteaux ; on m'avouera que rien ne serait plus propre à leur former le goût ; ce serait une étude complète faite en toute connaissance de cause, j'en réponds, et l'art du pâtissier ne pourrait qu'y gagner. Mais quel est ce bruit ?... Ciel ! la porte d'en bas ! moi qui avais oublié !... voilà le déplaisir. Ah ! j'aurais mieux fait de résister à la tentation ! Si c'est le capitaine au lieu de sa demoiselle, je suis un garçon perdu. (*Il prête l'oreille.*) Mais j'entends un pas léger, le frôlement d'une jupe ; l'espoir me revient ; allons ! courage et payons d'audace ; c'est encore le genre de payement le plus avantageux. (*Il va se mettre à la fenêtre tournant le dos à la table.*)

SCÈNE II

DÉSIRÉ, ÉLÉONORE.

ÉLÉONORE.

Qui est donc là ? (*Apercevant Désiré.*) Ah ! c'est vous, Désiré.

DÉSIRÉ, feignant la surprise.

Oui, Mademoiselle Éléonore, mais je ne vous avais pas entendue rentrer. Je suis venu vous apporter votre gâteau, et j'attendais par rapport à l'assiette. (*Faisant semblant de découvrir pour la première fois l'état du gâteau.*) Mais que vois-je ?... mon Dieu ! ce gâteau !

ÉLÉONORE, regardant aussi les restes du gâteau.

Quoi ! ces débris informes... ?

DÉSIRÉ.

Étaient, il n'y a qu'un instant, un joli gâteau des mieux réussis.

ÉLÉONORE.

Mais, d'où vient... ?

DÉSIRÉ.

Ah ! voilà !

ÉLÉONORE, avec un commencement de méfiance.

Mais vous étiez là, ce me semble ?

DÉSIRÉ.

J'y étais et je n'y étais pas.

ÉLÉONORE, sèchement.

Expliquez-vous.

DÉSIRÉ, essayant de prendre un air dégagé.

Comme la rivière passe au bas de votre maison, je me suis mis à la fenêtre pour m'amuser, et je regardais une grosse truite qui est dans un trou entre deux pierres.

ÉLÉONORE.

Quoi qu'il en soit, personne ne peut être entré ici sans que vous l'ayez entendu.

DÉSIRÉ.

Je suis très distrait ; c'est mon plus grand défaut.

ÉLÉONORE.

Bah ! vous ne pouvez l'être à ce point. Oui ou non, quelqu'un a-t-il pénétré dans cette pièce depuis que vous y êtes ?

DÉSIRÉ.

Je ne crois pas.

ÉLÉONORE.

Alors, concluez vous-même s'il n'y avait que vous.

DÉSIRÉ.

Ah ! mais !... oui c'est ça, je comprends maintenant, Mademoiselle ne devine pas ? (*Il rit.*)

ÉLÉONORE, sèchement.

Pas du tout.

DÉSIRÉ, riant toujours.

La bonne histoire ! j'en rirai longtemps.

ÉLÉONORE, sévèrement.

Je ne ris pas, moi !... mais nous verrons plus tard, et rira bien qui rira le dernier.

DÉSIRÉ.

Ah ! Mademoiselle ! c'est bien drôle pourtant ! tout à fait plaisant en vérité.

ÉLÉONORE, impatientée.

Finissons. Eh bien ?

DÉSIRÉ.

Eh bien ! c'est le chat ! (*Montrant le chat.*) C'est le chat ! la chose est bien simple.

ÉLÉONORE, d'un ton équivoque.

Ah ! c'est le chat !

DÉSIRÉ.

Il était ici lorsque j'entrai. J'en suis parfaitement sûr. Et Mademoiselle le voit là-bas sur cette chaise.

ÉLÉONORE.

Oui, je le vois et je lui trouve un air bien tranquille.

DÉSIRÉ.

C'est qu'il digère, Mademoiselle.

ÉLÉONORE.

Sa digestion n'est pas troublée par le remords, au moins.

DÉSIRÉ, légèrement.

Oh ! le chat, ce n'est pas un animal d'un naturel très honnête, tout le monde le sait.

ÉLÉONORE.

On le classe pourtant parmi les animaux domestiques, et savez-vous comment autrefois on punissait les vols commis par un serviteur infidèle ?

DÉSIRÉ, inquiet.

Je ne sais pas, moi ! Je suis dans la pâtisserie.

ÉLÉONORE, d'un ton lugubre.

On les punissait de mort! Oui, le vol domestique appelait la peine capitale !

DÉSIRÉ, très inquiet.

Alors, pour avoir mangé un macaron, on pouvait aller en cour d'assises ?

ÉLÉONORE, le regardant fixement.

Pourquoi cette comparaison-là vous vient-elle à l'esprit?

DÉSIRÉ, vivement.

Dame! parce que je suis pâtissier.

ÉLÉONORE.

C'est juste. Revenons donc à Minet. Je veux le juger sommairement, comme en cour martiale; je ne suis pas pour rien la fille d'un militaire, et je ne comprends, moi, que le conseil de guerre.

DÉSIRÉ.

Ah vraiment! (*A part.*) Elle a l'air presque aussi méchant que la patronne, et je me sens tout épeuré. Où veut-elle en venir avec son conseil de guerre?

ÉLÉONORE, désignant le chat.

Donc comparaissez devant moi, prévenu Minet. Vous êtes dûment soupçonné d'avoir, dans un transport de gourmandise inexcusable, mangé gloutonnement une notable partie d'un gâteau destiné à votre excellent maître et détérioré de telle sorte le reste que vous l'avez rendu tout à fait impropre à être servi sur une table convenable. Vous ne pouvez même pas invoquer les circonstances atténuantes, car vous avez eu votre mou ce matin, sans parler de ce que vous attrapâtes pendant le déjeuner, à l'aide d'instances souvent indiscrètes. La déposition du principal (*appuyé*), on peut même dire de l'unique témoin Désiré, est surtout accablante pour vous. Avancez, témoin Désiré ; vous avouez donc avoir vu le sieur Minet perpétrant son crime ?

DÉSIRÉ, avec humeur.

Je vous ai dit comme ça s'était passé.

ÉLÉONORE.

D'où il résulte que ledit Minet est coupable. (*Impérieusement.*) Répondez ?

DÉSIRÉ, troublé.

Oui ! c'est-à-dire... il faut bien que ce soit lui.

ÉLÉONORE, lentement, en le regardant.

En effet, il faut bien que ce soit lui,... du moment que ce n'est pas vous.

DÉSIRÉ, vivement.

C'est lui, c'est bien lui.

ÉLÉONORE, sévèrement.

Alors, il ne me reste plus qu'à le condamner à mort.

DÉSIRÉ, d'un ton pénétré.

Oh! Mademoiselle! vous ne ferez pas cela!...

ÉLÉONORE, froidement.

Si fait; à moins qu'il ne trouve un avocat pour prouver que le noir est blanc. Je consens à lui laisser toutes les chances de salut. Voulez-vous plaider pour lui?

DÉSIRÉ, avec empressement.

Oh oui! je veux bien. Mais je ne suis pas beau parleur, moi; ce n'est pas mon état. Enfin, je ferai comme je pourrai. Mademoiselle Éléonore, je vous demande d'être indulgente pour le pauvre Minet; il est jeune. A cet âge, on aime bien les friandises (*Avec une émotion et une animation croissantes*); et puis c'est si dur de voir des gâteaux et de n'en pas manger! Il faut être apprenti pâtissier comme moi pour savoir combien c'est pénible; on ne veut pas y toucher, on sait qu'on ne doit pas le faire, que c'est contre l'honnêteté et même la prudence; on résiste cent fois à la tentation, mais un jour on y succombe et après on le regrette bien fort. (*D'un ton tout à fait pathétique.*) Ah! Mademoiselle Éléonore! vous qui êtes si bonne, faites grâce à Minet; je suis sûre qu'il ne recommencera plus, et qu'il sera guéri à jamais de sa déplorable gourmandise.

ÉLÉONORE.

Votre plaidoirie me touche, mais la justice doit être inexorable dans l'intérêt même de la société. Donc le coupable Minet est condamné à mort, et sa sentence doit recevoir une exécution immédiate.

DÉSIRÉ, avec inquiétude.

Quoi! Sérieusement?

ÉLÉONORE.

Très sérieusement. Il va expier dans les flots son coupable forfait.

DÉSIRÉ, très agité.

Vous voulez le noyer?

ÉLÉONORE, avec calme.

Oui; je vais le précipiter dans l'eau par la fenêtre.

DÉSIRÉ.

Je m'en vais; je ne veux pas voir cela.

ÉLÉONORE, avec autorité.

Ne bougez pas; je veux que vous soyez témoin de l'exécution.

DÉSIRÉ.

Je suis pressé; la patronne m'attend.

ÉLÉONORE.

Ce sera tout de suite fait. (*Saisissant le chat.*) Allons, chat coupable, l'heure de votre supplice a sonné.

DÉSIRÉ.

Mademoiselle, ce serait vraiment dommage; il est si gras! Donnez-le-moi; il fera une excellente gibelotte.

ÉLÉONORE, dédaigneusement.

Vous parlez en vrai gargotier. Ou plutôt, je devine un subterfuge pour sauver le condamné. Mais ses minutes sont comptées. (*Elle s'approche de la fenêtre, tenant le chat dans ses bras.*)

DÉSIRÉ, avec angoisse, essayant de l'arrêter.

Ah! pauvre animal! Vous n'avez point de cœur. Grâce pour lui!

ÉLÉONORE, d'un ton féroce.

Vous cherchez en vain à m'attendrir; il mourra.

DÉSIRÉ, d'un ton suppliant.

Je vous en prie!

ÉLÉONORE.

C'est inutile; la rivière l'attend!

DÉSIRÉ, avec entraînement.

Ah! non! c'est trop mal. Il arrivera ce qu'il pourra, mais je ne laisserai pas périr un innocent! Mademoiselle, c'est moi qui ai mangé le gâteau.

ÉLÉONORE, d'un ton triomphant.

Ah! vous l'avouez enfin!

DÉSIRÉ, confus.

Hélas! ne me piétinez pas, Mademoiselle Éléonore.

ÉLÉONORE, sévèrement.

C'est ainsi que vous manquez à votre devoir professionnel, petit malheureux?

DÉSIRÉ.

Mademoiselle, c'est la première fois, et jamais plus chose pareille ne m'arrivera; je vous le jure bien.

ÉLÉONORE.

Et puis vous avez menti, pour vous excuser, de la manière la plus effrontée.

DÉSIRÉ, piteusement.

C'était une suite de ma première faute.

ÉLÉONORE.

Vous le voyez, une faute en entraîne une autre, ainsi de suite, et c'est comme cela qu'un gâteau peut mener à l'échafaud.

DÉSIRÉ, protestant.

Oh! Mademoiselle!

ÉLÉONORE, avec irritation.

Vous en doutez?... Faut-il donc vous le démontrer?

DÉSIRÉ, cherchant à l'apaiser.

Non, Mademoiselle, non; c'est inutile. Je vous crois et j'ai bien du repentir, allez!...

ÉLÉONORE, d'un ton adouci.

C'est quelque chose, assurément, et je vois avec plaisir que vous n'êtes pas endurci dans le crime, et puis il faut vous savoir gré d'avoir sauvé le chat à vos dépens; quoiqu'après tout ce ne fût que justice.

DÉSIRÉ, d'un ton insinuant.

Mademoiselle est bien bonne; si elle voulait cacher à la patronne ce que j'ai fait, et aussi à Monsieur son papa, je lui en serais reconnaissant jusqu'à la fin de mes jours.

ÉLÉONORE.

Vous m'en demandez beaucoup.

DÉSIRÉ.

Si ça se sait, je suis perdu, déshonoré, et je n'ai plus qu'à me jeter à l'eau à la place de Minet.

ÉLÉONORE.

Ce serait un moyen d'aller examiner de plus près la grosse truite qui vous intéressait tant tout à l'heure. Mais je ne veux pas vous y contraindre et je vous fais grâce...

DÉSIRÉ, avec enthousiasme.

Grand merci, généreuse demoiselle.

ÉLÉONORE.

A une condition.

DÉSIRÉ, très refroidi.

Ah! il y a une condition?

ÉLÉONORE.

Il faut bien que vous fassiez pénitence.

DÉSIRÉ, avec résignation.

Que voulez-vous de moi?

ÉLÉONORE.

Tout bonnement que vous payiez le gâteau.

DÉSIRÉ.

Avec quoi, Seigneur!

ÉLÉONORE.

Avec vos économies. J'ai entendu dernièrement un opéra dans lequel un sous-lieutenant achète un château sur ses économies; vous pouvez bien payer un gâteau sur les vôtres.

DÉSIRÉ, d'un ton piteux.

Mais je n'ai p.. d'argent, pas un pauvre sou.

ÉLÉONORE.

Tant pis pour vous; je ne puis pas faire autrement. Songez que mon père regarde tous les comptes à la fin du mois. Que dira-t-il quand il verra un gâteau de trois francs dont il n'a pas mangé ?

DÉSIRÉ.

Ah ! Mademoiselle, c'est bien simple, il dira : « C'est le chat ! c'est le chat. »

FIN DE C'EST LE CHAT.

TABLE

Sainte Népomucette 1
Le Procès de Jeanneton. 79
Le Coq et la Perle. 95
La Sous-Maîtresse. 113
Le Bouquet. 189
C'est le Chat 197

www.ingramcontent.com/pod-product-compliance
Lightning Source LLC
Chambersburg PA
CBHW071941160426
43198CB00011B/1493